París era una rumba

CONTEMPORÁNEOS| **B**erenice

ZOÉ VALDÉS

París era una rumba

Berenice
www.editorialberenice.com
@berenicelibros

Primera edición: septiembre de 2025

Berenice • Contemporáneos
Director editorial de Berenice: Javier Ortega
Maquetación de Javier Díaz

Editorial Almuzara
Parque Logístico de Córdoba. Ctra. Palma del Río, km 4
C/8, Nave L2, nº 3. 14005, Córdoba

ISBN: 978-84-10356-33-7
Depósito Legal: CO-1421-2025

Impreso en España/*Printed in Spain*

Índice

A Jean François Fogel, *in memoriam.*

A Albert Bensoussan, unidos por la escritura en español
y en francés, y por la libertad.

A Severiano de Heredia, alcalde de París.

A Paul Morand, por Venises.

A París.

París nunca volvería a ser igual,
aunque seguía siendo París…

Si tienes la suerte de haber vivido en París cuando joven,
luego París te acompañará vayas donde vayas, todo el
resto de tu vida…

Ernest Hemingway. *París era una fiesta*

París, el punto más alejado del Paraíso, pero el único lugar
donde se hace bueno el desespero...

Cioran. *On ne peut vivre qu'à Paris*

Y es París, quien hace a la Parisina

Qué importa de dónde venga, si del Norte o del Sur…

Joséphine Baker. Chotis adaptado de *Madrid, Madrid,*
Madrid, por Georges Tabet, música Agustín Lara.

BREVEDAD

En La Habana era muy parisina, en París soy muy habanera. Nada ha variado. Pero La Habana hace varias décadas que la venero desde la distancia que ofrece el lugar y el tiempo. No porque no quisiera regresar, sino porque mi pensamiento y mi libertad creadora impiden a las autoridades de mi país que autoricen mi retorno a la tierra que me vio nacer. No me quejo, hubiera podido ser peor... Y, sin embargo, aquí estoy. Viva. Aunque este no sea precisamente el tema de la historia.

Sí, aquí sigo, con vida, todavía en París, adonde llegué en 1983, a punto de cumplir los veintitrés años, por azar ocurrente, más que por «azar concurrente», que diría el gran poeta y novelista José Lezama Lima.

El asunto de esta historia es, como merece, el de la libertad aprendida en una ciudad que me enseñó todo sobre esa palabra tan hermosa y vital. París, la ciudad de las sublimes tentaciones...

El verdadero sentido humano y artístico de la palabra libertad, entonces y ahora...

Zoé Valdés

PARIR PARÍS

En la infancia de mi abuela, allá en Dublín, Irlanda, París era un sitio adonde viajaban las cigüeñas a buscar a los recién nacidos para después repartirlos por el mundo, dejándolos caer a través de las chimeneas hasta la cuna en donde sus padres intrigados y asomados al pequeño lecho esperaban ansiosos.

En la infancia de mi madre, allá en Santa Clara, Cuba, París era aquel sitio al que la gente rica viajaba de luna de miel y regresaba en esa lenta y estelar cabalgata nocturna; surcaban el cielo —imaginaba ella— acomodados encima del lomo de una descomunal cigüeña.

No tuve la posibilidad de creer demasiado en esas historietas. No solo porque es muy difícil encontrar chimeneas en un solar cubano, ni en ninguna casa, debido al clima de eterno verano que ampara o desampara a aquella isla, sino porque mi abuela detestaba el cuento de la cigüeña… Encontraba muy sucio eso de que los bebés aterrizaran impregnados de hollín en los brazos de la madre o del padre.

Cuando en mi niñez alguien se empeñó en contarme la leyenda, abuela interrumpió tajante:

—A esta niña la trajo un delfín, ¡cigüeña ni cigüeña! ¡Y de Grecia, nada de París, carajo…!

Entonces, al punto, me explicó lo que era el parto, dar a luz: extrajo del pubis de una muñeca a la que le abrió las tiesas piernas de plástico otra muñeca más pequeña.

—Esto es parir —musitó abuela.

En eso sobrevoló una avioneta muy bajo casi rozando la azotea, el ruido que hizo al pasar no me dejó oír bien, entonces entendí:

—Esto es París.

Ese sitio mojado desde donde surge la vida, para mí siguió llamándose París. La ciudad que da a luz.

LLEGADA

Era la primera vez que viajaba en avión, y lo hacía con destino a París, mediante escala de una semana en Madrid.

Si Madrid me encegueció y mareó con tantas luces, olores a caldos madrileños y a perfumes orientales, museos, librerías, París no solo me cegó, además me puso los ojos cuadrados. La primera impresión en el aeropuerto de Orly fue de miedo, un miedo físico a caminar hacia el exterior. Transcurría el mes de diciembre, y sentía no solamente mucho frío, además las tripas me tarareaban del hambre; para más *inri*, sin dinero.

Respiré profundo, el aroma ambiental me era desconocido, no conseguí describirlo, porque lo que olía resultaba para mí absolutamente desconocido, ¡qué sé yo...! Nueces, golosinas, pan... ¡Por fin el pan francés, la célebre *baguette*!

Durante el trayecto en el vehículo que nos condujo al centro de la ciudad cerré los ojos, bastante aturdida por el veloz paso del paisaje a mis costados.

Abrí los ojos con una lentitud que empañaba la visión del entorno.

Los muebles que me rodeaban en aquel amplio cuarto no eran los mismos que habían reaparecido en el sueño, aquellos destartalados muebles del cuarto donde vivía en La Habana Vieja, en un cuartucho de mala muerte, sin baño y sin cocina.

No, aquí los muebles eran otros de mejor calidad, forrados en terciopelo negro y espejos, aunque se me ocurrió de un mal gusto espantoso; el techo muy blanco, sin manchas de humedad, impoluto, en apariencia recién pintado.

La luz se filtraba por los entresijos de unas persianas francesas…

Había soñado con que me hallaba todavía en aquella isla, sin embargo, esta vez me despertaba en París, como transportada en el pico de la cigüeña, en un renacimiento a la inversa: desde el mundo al útero materno.

Durante todos estos años he soñado que duermo en La Habana, mientras en realidad lo hago en París. Despierto aliviada, tengo la seguridad de vivir libremente, no como allá, esclava de un agujero de eternidad, del absurdo, de la idiocia. Pero esto solo puedo decírmelo dentro de mi pensamiento, solo consigo confesármelo a mí misma de esta manera tan cruda.

Abrí la ventana, que daba a la *rue* Miollis, frente a mi mirada el lado más feo del edificio de la UNESCO. Menos mal que muy pronto sabría que esto tan horrendo no es París. Que París —como en mis sueños habaneros— es la ciudad de mis deseos más ocultos, mi secreto más profundo, de mi amor verdadero, de las más hondas tentaciones.

La gente en Cuba soñaba y sueña con Miami, yo desde adolescente soñaba con Viena y con París, aunque más con París, porque desde allí, o aquí, se suponía que me había llevado la cigüeña dejándome caer, la muy maldita, en La Habana, y también porque… ¡lecturas *oblige!,* no quedaba de otra.

Mi mundo de evasión habanero eran los libros, de ahí que Miguel Ángel Ponce de León, hijo del pintor cubano de la melancolía, Fidelio Ponce, me empezara a llamar Eva Dida. El seudónimo, que jugaba con la definición de *evadida,* se me quedó y jamás he podido sustituirlo por mi verdadero nombre. De modo que ese será mi sobrenombre de protagonista: Eva Dida. Al menos en esta ¿novela? ¿Recuerdos novelados?

MÉTRO SÉGUR

La oficinista de la UNESCO, Vida Sender, me entregó los *tickets* o billetes con carácter semanal para el Métro, mientras aseguraba que luego tendría derecho a una *Carte Orange* personalizada con mi foto. Vida sonreía como si siempre estuviera alegre, contenta por algo muy personal, hablaba moviendo las manos como las aspas de un ventilador de mesa y guiñaba constantemente el ojo izquierdo; deseaba caer simpática. En verdad a mí me caía simpática, el resto de los cubanos no la soportaron nunca, se burlaban de ella, y la humillaban todo el tiempo; hubo noches en las que Vida regresaba a su casa sumida en pleno llanto, a escondidas... Conmigo, sin embargo, a veces, se desahogaba:

—Con el comportamiento tan disciplinado que siempre he mantenido y el historial de lealtades que tengo con tu país, chica, y que me traten de esa manera tan fea, no lo entiendo, la verdad... —era cierto, a los perros del embajador de Cuba ante la UNESCO los trataban mucho mejor que a ella.

Esa tarde salí muy contenta con el ramillete de *tickets* del Métro apresados en la mano. El *ticket* del Métro era para mí la prueba del desarrollo más absoluto, del progreso y la realización más importante de manera individual. Poseer un *ticket* del Métro constituía en mi mente un avance insuperable, en la escala social de valores humanos.

Caminé hasta la entrada del Métro más próximo, Ségur.

Aprendí a pronunciar *Ségur*, con esa *u* perfilada bajo el sonido *i* antes de llegar a entender cómo se introducía el dichoso cartoncito en la ranura de la barrera de la entrada hacia los túneles y vagones. De golpe, en aquella primera ocasión no lo logré.

Apartada un poco intenté observar cómo hacía la gente que abordaba la barrera y, en dónde sería que introducían el cartoncito que luego reaparecía por otra ranura, que enseguida recuperaban de un tirón. Sin embargo, habituados como estaban a hacerlo de forma automática, la manipulación se producía de manera tan rápida que no conseguía captar el movimiento. Sentí vergüenza, guardé el *ticket* en el bolsillo del abrigo junto al manojo de cartoncitos; preferí regresar a pie hasta la casa que desde hacía unos días un amigo mexicano nos prestaba temporalmente.

Caía la noche densa sobre París, abreviada por los antiguos faroles de luces amarillentas, subí los peldaños a toda carrera, de dos en dos.

—¿Qué te ha pasado? ¿Por qué llegas a esta hora? —inquirió él. Ese Él de todas mis historias tristes.

—No supe cómo introducir el *ticket* de metro en la ranura, no quise preguntar porque con mi francés tan mediocre iba a lucir todavía más ridícula, he vuelto caminando; no te preocupes, me ha hecho un bien enorme… —no era cierto, me dolían los pies casi congelados, mi calzado no estaba apto para el invierno y me dije que jamás iba a poder entrar en el Métro.

—¡Es tan fácil! —reiteró.

—Para mí no lo es. Aunque, no me quejo, más bien no sabes lo importante que resulta poseer estos *tickets*… —lo decía muy en serio.

Durante casi un mes repetí mis sigilosos movimientos en torno a la entrada del Métro, descendía los escalones húmedos por la escarcha o la lluvia, intentaba observar de cerca, me aterraba introducir el *billetito* y perderlo, como se pierden los deseos en la boca de piedra del monstruo de *Bomarzo*, en la novela de Manuel Mujica Láinez.

Pasado ese tiempo, por fin, Vida Sender se brindó a acompañarme, descendió conmigo, y me enseñó cómo debía maniobrar. Simple, muy simple: el *ticket* entraba dejándose tragar desde dentro y súbitamente salía por el otro lado, había que tirar de él, empujar la manivela a nivel de los muslos, y ya estabas dentro.

Nadie puede imaginar lo que significa para una habanera recién llegada a París el acontecimiento vital de poseer un *ticket* de Métro, de aprender a usarlo, y viajar a toda velocidad por primera vez dentro de aquel extraño artefacto que se desliza en el interior de túneles que parecieran, como ya describió otro autor, los huracos de un queso Gruyère.

Significa que gran porción de la libertad se ha conquistado, que se puede palpar porque es fracción real, sumamente real: la del movimiento.

LA BAGUETTE, LA PANADERÍA Y LA PANADERA

Pertenezco a una generación de cubanos a la que les quitaron el pan y la leche para imponerles literalmente una ideología fracasada; lo siento, no es ninguna metáfora. Entrar en una panadería en la calle más larga de París, la *rue Vaugirard*, y comprar una *baguette,* constituyó ese paso esencial hacia la otra parte importante de la conquista de la libertad: la del estómago.

Respiré, absorbí más que olí aquel pan en forma alargada, estilizada, lo apreté hasta que su envoltura crujiente me devolviera una música, la auténtica música '*estremada*' de las esferas, como escribió Fray Luis de León en un poema dedicado a Francisco Salinas, catedrático de música de la Universidad de Salamanca:

«El aire se serena
y viste de hermosura y luz no usada,
Salinas, cuando suena
la música estremada,
por vuestra sabia mano gobernada...».

La *baguette* crocante se me ocurría como una especie de instrumento musical más allá del origen de su propio nombre aleado con la percusión: *baguette*; cuyo apretado sonido de pronunciación en francés estremece de solo percibirlo bajo la sordina del apetito que, en mí entonces, acaparaba y prevalecía en todo el sentido de su existencia.

Qué no sucedería cuando me inicié con el bocado definitivo, que me ubicaría de por vida en el distinguido paraíso del paladar.

Al salir de la panadería, observé que un señor se había adelantado y con un gesto decidido sin perder compostura le cayó a dentelladas a su *baguette*; yo, quizás no únicamente por hambre, sino más bien para deslizarme en la piel de quien yo pensaba podría ser un francés, y sentirme más próxima de serlo, di el mordisco, más apetitoso que *melodioso,* mordisquee la barra de pan durante el camino; al llegar al apartamento me había zampado ya la mitad de aquel horneado tesoro.

Estuve alrededor de un mes alimentándome exclusivamente con *baguette* untada con mantequilla.

Mediante correspondencia contaba a mi madre, a mis familiares, a mis amigos cubanos, lo feliz que me sentía de solo comer pan con mantequilla. Mi madre llegó a inquietarse, ¿se habrá vuelto loca?, preguntaba a todos. *Casi, casi, mamá*, recuerda que París es la capital de las fabulosas tentaciones, y una de ellas es la de su pan, su mantequilla y las panaderías. ¡Ah, las panaderías y las panaderas!

De mis mayores descubrimientos, por los que todavía me siento fascinada, es cuando entré en una panadería y la panadera saludó con ese *bonjour* musical, cantarín, sellado por un suspiro hacia dentro. El mismo suspiro de las francesas cuando pronuncian el *ouiiiii* alargado cual cinta de ligera y fina seda.

De cada una de las panaderías de los barrios de París en los que he vivido poseo anécdotas increíbles, pero sin duda la mejor es la del panadero de la esquina del Boulevard Morland, que no más entrar me comentaba acerca de Racine y de Molière, cual todo un experto y como si fueran sus amigos íntimos, o mejor, como salido de la época de ambos autores. Mientras deslizaba el pan en ese sobre alargado de cartucho recitaba fragmentos de las obras de Fedra o de *Le Malade Imaginaire*. Volví a leer a Racine y a Molière gracias al panadero del Boulevard Morland.

EL TREN. PRIMERA CLASE

Las doce y media. Cómo ha pasado el tiempo.
Las doce y media. Cómo han pasado los años.

C. P. Cavafis

En un esfuerzo inocente por aprender el idioma francés me dediqué a escribir poemas en el idioma de Molière, versos que ni yo misma entendía, pero que me permitían introducirme de puntillas en el lenguaje, con pasos cautelosos de ladronzuela; aprender una lengua es robársela, hacerla suya mediante el hurto de las pronunciaciones y de las escrituras de los otros que nos han nutrido e influenciado. Emil Cioran fue uno de ellos, mediante el francés que aquel rumano escribía.

Entonces yo imitaba y escribía cosas como estas:

> *Me apresuro a este lugar de donde vienen los fuegos. Vivo, enamorada como una perra soñadora. Debo viajar, a Alemania, a Hamburgo. En la estación, los pájaros vienen y comen de mi mano, tienen una mirada fría, y luego persistieron en mirarme... Yo también tendré siempre frío. Abro mi alma con un bisturí oxidado y bendigo la enfermedad que presagian los paisajes... Eso es, estoy una vez más angustiosamente metafórica... En unos segundos el miedo me inundará, en unos breves minutos volveré al desequilibrio y la desobediencia.*

En el vagón lo presiento. Nadie morirá hoy, y sin embargo es el momento ideal para morir. Así, al mediodía.

Me agacho, como una fugitiva, escondida entre el equipaje. Espero.

Y aquí viene el carnicero, a romper mi billete:

—Se equivoca, señorita, este no es su sitio.

Todo dicho en una lengua que nunca existió. Pero puedo adivinar el significado, porque suena como un escupitajo.

¿Quién le ha dicho a este sanguinario que mi corazón es de segunda?

¡Insolente!

Aprendí a garabatear en francés de manera hermética, automática, inconsciente, agresiva, cual fiera en acecho.

SUEÑO PARISINO

El sueño y sus incoherencias me ayudaron en extremo a convertirme en parisina, debí transformarme en un ser al que yo observaba como si siendo yo, allí en el espejo, fuera más bien Cioran o Camille Claudel. Todo en mí era amor, pasión, instinto idiomático.

A veces soñaba con la arena, a veces con la nieve, después de haberla conocido. Bueno, la arena es la nieve, pero congelada, pensaba... O soñé con las dos cosas. De la arena a la nieve, o al revés, de la nieve a la arena.

> *Cuando el toro se inclina sobre la nieve me sangra la nariz en todas direcciones. El toro ignora las montañas de sal y la piedra blanquea sus pulmones, mis pulmones.*
>
> *Bailo y mi corazón ha dejado de coagular, el pelo suda en la subida de la cuesta. ¿Has visto cómo gotea anárquicamente la sangre sobre la nieve?*
>
> *Un hombre. Un francés. Juega a esquivar el mundo. Él me sostiene, el muy audaz, y mil veces resbalo, sabiendo muy bien que un día moriré de fragilidad.*
>
> *Pero los esquís protestan en mis pies e interviene la sed. Merezco estos reproches.*
>
> *Abajo, la ciudad despliega sus monjes y yo fumo cigarrillos acorazados liados bajo el edredón.*
>
> *Los demás se levantan de un salto y se alejan. Echamos de menos el juego lívido... la piel y los guiños hacen bailar las miradas.*

Los camiones atraviesan las colgaduras del tenderete y el toro se queda sin aliento acristalado tras los muros... ¡Ah, las grandes avenidas, los bulevares, y el toro metido en el medio!

Me siento rígida en mis botas rosa fosforescente, tengo como un fluido mortificante, y la música. La plancheta cayó sobre la estúpida pata del toro, ¡el imbécil!

Me veo frenética, agitada por la mera visibilidad del toro. Está jugando con las arterias de nuevo, el hombre. Tengo un cable en la mano izquierda y me irrito. El toro sonríe y yo me alegro, pues la música una vez más...

Agarraría al toro por el rabo y lo tiraría bien lejos, para estrellarlo. ¿Alguien se ha dado cuenta de lo enriquecida que se ha vuelto la nieve con mis células vivas? ¿Alguien ha tenido tiempo de ver a un perro olfatear cuidadosamente mi sangre y recomendar el tiempo?

Cuando yo escriba la palabra «sola» la diana se ganará un grito en la oreja. Cuando escriba que el siglo está a tres pasos y que me van a estallar los pulmones, ¿qué toro lo va a creer? ¿Qué toro podrá?

Por fin me despierto, me desperté en aquel entonces tan mío... Me había convertido en torera en París. Al final todo es posible.

HOTEL DE LA RUE DE RENNES

Imitaba también a Remedios Varo, y al igual que ella empecé a escribir cartas imaginarias a hombres imaginarios, que luego el poder de la imaginación y mi insistencia hicieron que existieran de verdad...

Su voz sobre el silencio de mi cuerpo, hoja en blanco, escribe caricias.

El humo salado de mi alma cubre su asombro de verme otra vez llorando sobre los hilos de su traje, esperando su mano, ese punto azul.

Su mano que ahora escribe reportajes, artículos húmedos sobre mis huesos. Su mano que se queda en el aire buscando la palabra, el secreto, su posible temblor. El sonido que se nos muere en esta luz de hotel de la rue de Rennes. El Hotel de la rue de Rennes tan parecido a aquel otro hotel donde leí el Gaspard de la Nuit de Aloysius Bertrand.

Se llamaba Sylvain.

No lo volví a ver, creo que murió de una sobredosis, o en una de esas guerras a la que viajaba como corresponsal.

UN PASEO

Leí en una sinopsis que introducía *El Museo Imaginario* de André Malraux en una editorial: «El presente relee al pasado. Es desde el hoy desde donde se revisan los sistemas que organizan las series históricas. Es la mirada contemporánea la que redescubre aspectos de otros tiempos que hasta ahora habían quedado ocluidos».

También yo creé mediante el idioma mi propio museo individual, y con la pintura y las obras de numerosos pintores franceses integraba mi paladar lingüístico al de ellos.

Inspirada en el cuadro de Marc Chagall del Museo Beaubourg garabateé lo siguiente...

> *Fue el encantamiento, un par de horas dentro del reloj sin las preguntas necesarias de por qué el tiempo viene y te da besos de humo.*
>
> *Tú existes para que el tiempo te posea, el que podrá...*
>
> *La salvación es la poesía y unas alas de papel, pero la guerra acecha constantemente. La guerra que hoy en día es el estado químico del tiempo.*

Pasearme por París, visitar el Beaubourg, entender a Kandinsky, convertirme en una mujer de Chagall, ¡¿quién lo habría imaginado?!

EN LA SALA DE LOS EGIPCIOS DEL LOUVRE

Siempre que podía me fugaba al Museo del Louvre. El Louvre fue mi mejor maestro de francés. En el Louvre aprendí a escribir lo poco y lo mucho que sé, porque el Louvre me brindó una mirada nueva sobre el arte, ergo sobre la vida. Seguía como una posesa escribiendo fragmentos incomprensibles de vida en un idioma que se negaba a entregárseme, a ser enteramente mío:

> *Me acecha pintado en el libro. Me acecha incrustado en el anillo. Me acecha subido a los árboles. Me acecha tendido en el suelo. O en el sueño.*
>
> *Me acecha prendido a mis ropas. Me acecha desde tu corazón. Me acecha desde el torso desnudo del Escriba que me ordena desde varios siglos atrás que contemple la literatura como un sacerdocio.*
>
> *El escarabajo. Me acecha, me acecha, me acecha...*

DURANTE LARGAS HORAS

En La Habana había aprendido a aislarme en los parques, solitaria contemplaba en medio del paisaje a los niños mientras jugaban con sus abuelos. En París aprendí a besar en los parques, y el beso a veces contiene un idioma confesional del que también supe empaparme para poder seguir escribiendo misivas de amor en un idioma que yo me empecinaba en que se pareciera a un beso, aunque más perdurable que fugaz:

> *Un parque existe para confesarnos. Tus manos son las de este hombre frente a mí señalándome, impasible recompensa del frío, cualquier circunstancia.*
>
> *Tengo el primer orgasmo abrupto de la noche en una buhardilla de la rue Saint-Dominique. Más exactamente en el sexto piso del 52 rue Saint-Dominique.*
>
> *En medio de tus cejas vibro yo. Algo más se me queda por decirte: si otro se acerca tengo miedo de las luces de aquellos automóviles. Soy de ingreso paranoica. Y me disgusto de mí misma*
>
> *Un parque en París está esperándonos, o en el desierto del futuro. Algunas promesas atractivas, de buscar en tus papeles día y noche y oler en tus olores cierta madrugada, de emborracharnos y caernos en nosotros, encendidamente despertarnos, mirar al revés encomendados a los años en que un parque será, no París, sino el mundo.*

PARA OTRA CARTA

Alguien me aconsejó: «Solo pervirtiéndote podrás aprender a la perfección un idioma...». No supe nunca si se estaba insinuando sensualmente o burlándose de mí, tampoco le hice mucho caso; yo había visto *El matrimonio de María Braun* (1978) de Rainer Werner Fassbinder, con la fabulosa Hanna Schygulla —a quien ya conocía personalmente, pues era vecina en el Marais—, y advertida estaba otra vez por el séptimo arte:

> *Ahora que el idioma se me pierde. Que sueño por fin en francés para estar a solas con el mago de la rue Saint-Paul en el Marais, no estoy dispuesta a cocinar mis caldos de perversiones transparentes.*
>
> *Un día el collar va a reventarse, y no voy a estar en esta ciudad distinta a la nuestra de los cuentos de patios desangrados.*
>
> *No voy a permitirme desconocidos ni modos de hacer. Voy a cubrirme estos pequeños senos... El amor, niño dulce, no es —helàs!— mis nalgas. El amor es —bien sûr!— mi corazón.*

LA OTRA ÉPOCA DE JUSTINE

Los poemas seguían rondándome la mente, todos en un idioma francés del que mis amigos se mofaban, porque los veían como una suerte de rompecabezas sin sentido y sin solución, aunque en mi pensamiento los tenían más que nunca. La ciudad, París, me inspiraba a escribir rarezas como las que les muestro a continuación, pido perdón por ellas:

Al Marqués de Sade en La Bastille.

Me voy a cortar mis pequeños pezones. Sobre la lluvia llueve y yo no sé. Sobre el viento ventea. Indago.

Sobre el mar marea y me ahogo. Solea sobre el sol y la mirada no me da. «Sous le ciel de Paris, nanananananana...».

Está todo plano y a la inversa. El humo de su cigarro humea. Es mi peine quien se peina con mi pelo y mis zapatos se calzan con mis pies. Mi ropa se viste con mi piel.

Pienso y luego pienso, para serle fiel a Descartes, aunque de otra manera menos fiel.

Por fin las apariciones. Lunea y me he castrado.

NUNCA ANTES DE LA FIESTA

Después estaban los amigos sudamericanos, con los que a veces podía desahogarme en español; sin embargo, al final siempre se imponía la lengua francesa.

Pude contar con el privilegio y la alegría de conversar días y noches con el escritor argentino Julio Cortázar en La Habana, también traductor al español de *Memorias de Adriano* de Marguerite Yourcenar. Cortázar me contaba sus aventuras con el idioma francés, y recuerdo que poseía una de las más hermosas «erres» arrastradas palatinas que yo haya oído jamás pronunciar.

En París, al asistir a su funeral y entierro en el cementerio de Montparnasse, en pleno invierno, en diciembre de 1983, yo solo podía concentrarme en cómo Julio Cortázar pronunciaba esas «erres» que han sido siempre mi mayor dolor de cabeza:

A Horacio Oliveira, a Julio Cortázar.

Te dije nos veremos y no ocurrió, tú tenías tu piel enferma de vida. Llegué justo para tu entierro en el cementerio de Montparnasse, con una rosa roja en la mano, como me pidió.

Hay copas manchadas y ceniceros sucios que también son el amor, el recuerdo. Pero estoy sin gatos en esta ciudad donde prometimos encontrarnos, estoy sin poemas, sin necesidad, sin mar, sin mi madre.

No hay invitaciones, tanto que me gusta envejecer en los cines de la rue Gaité. Te dije nos veremos, yo con mi vida saludable de piel.

Hay canciones que te estoy buscando sin parar, algún jazz, algún Mozart, algún caracol para oír las olas. Pero no ocurre.

A veces me peino para estar hermosa, en esta sociedad donde peinarse no hace hermosa a la mujer.

Me peino para ti, como si fuera a otra fiesta donde íbamos a estar, saludables los dos. Me peino para besarte, y estar en algún amable lugar del mundo, nunca antes de encontrarte.

Julio, con este poema respondo al que me escribiste y dedicaste en La Habana, titulado *Después de las fiestas.*

DESPUES DE LAS FIESTAS

Y cuando todo el mundo se iba
y nos quedábamos los dos
entre vasos vacíos y ceniceros sucios,

qué hermoso era saber que estabas
ahí como un remanso,
sola conmigo al borde de la noche,
y que durabas, eras más que el tiempo,

eras la que no se iba
porque una misma almohada
y una misma tibieza
iba a llamarnos otra vez
a despertar al nuevo día,
juntos, riendo, despeinados.

Para Zoe, con el afecto
de Julio

La Habana 83

PÁGINA PERDIDA

A la obsesión de aprender correctamente el francés y de no confundirme y perderme en las calles y *carrefures* de París se añadió el de la aparición de una enfermedad desconocida, el SIDA, entonces enfrenté esta nueva incógnita de varias maneras, una de ellas con otro poema, peor tal vez que los anteriores, pero que al menos me aliviaban en otro idioma:

> *Afuera los autos corren veloces y dicen que hay una enfermedad nueva.*
>
> *Habrá ciclones en el próximo octubre y yo egoísta apuntalo mi casa.*
>
> *Mi madre me escribe para advertirme que estos libros me pondrán vieja y que cuándo iremos juntas a la mesa a comer.*
>
> *Afuera, lejanas, las playas están solas. Y hay una pandemia desatada, la pandemia del amor. Pero mi ducha y yo sentimos.*
>
> *Dicen que los muchachos se ruborizan y yo ya no tengo un cuerpo para ellos.*
>
> *Hoy me siento de algodón y me canso porque me estoy haciendo la escritora.*

Soy una sobreviviente, besé a Stefan y a Andréa, ambos murieron enfermos de amor. He venido a llorarlos a la fuente de Molière, rue Molière… *Et puis, machin et truc*… Y, después me salió una bola en el cuello, y creí que estaba sentenciada, pero no, solo eran dos nódulos benignos en las tiroides.

GUY

Loulou me preguntó si conocía al cubano más célebre de la metrópoli. Respondí con desgano:

—Severiano de Heredia, llegó a alcalde de París en 1887, cubano, mulato... Muy apuesto y mejor letrado.

—Niña, no, qué va; este otro del que te hablo se llama Guy, también es mulato. Es el primer *Dijei* —de tal modo pronunció aquella palabra que parecía bajada de Marte— con éxito de verdad. ¡Guy Cuevas!

—No, Lou, no lo conozco... Aunque, ahora que me dices el apellido, había un escritor en Cuba, de él me habló Pepe Triana, que era muy bueno como cuentista... Puede que sea él.

—¡Es él! Guy hace de todo: escribe, es *Dijei,* y además consiguió montarle un desfile al mismísimo Yves Saint-Laurent en el que las modelos salían con *una* baguette bajo el brazo, ¡alborotó todo París con eso…!

—¿Qué significa eso de *Dijei*?

—El que pone la música, la mezcla, en una especie de estudio así de grande, crea su propia banda sonora al mezclar otras melodías... —abrió sus brazos

Me pareció interesante. Finalmente decidimos ir a conocer aquella misma noche a Guy Cuevas al Palace. Conseguir con qué vestirme no resultó tan difícil. Loulou era una maga y convertía a golpe de tijeras las ropas de muertos vendidas por los árabes en los *Guerrisolds* y los trapos de los Tatis en verdaderos diseños de pasarela y gran estilo.

En el Palace todos voltearon las miradas hacia nosotras, pensé que alertarían a la policía, tan extravagantes íbamos. Yo llevaba en la cabeza un lazo de raso fucsia que no cabía por la puerta de entrada, tuve que ponerme de perfil para poder deslizarme hacia el interior. Loulou iba enfundada en un vestido de cola, bordado con lentejuelas, y un escote hasta la cintura. Sin embargo, enseguida dejaron de mirarnos, cuando un segundo después hizo su entrada alguien más extravagante que nosotras.

Loulou fue a buscar a Guy, él conversaba en una esquina, manoteaba abanicándose con un abanico español en forma de pericón, aunque estábamos en invierno. En aquella época Guy era un mulato precioso, muy estilizado y apetitoso. Era la época en la que cada vez que me gustaba un hombre era *gay*, no ha variado mucho desde entonces.

Guy me saludó afable, creo que por cortesía con mi amiga Loulou; luego se olvidó de mi existencia.

Años más tarde, ya yo era una escritora publicada, nos volvimos a ver en el restaurante Barrio Latino donde iba yo a filmar una entrevista. Guy fue sumamente amoroso y, por supuesto, no se acordó de mí, de aquella jovencita temerosa que era más lazo que cabeza. Hoy soy más cabeza que lazo, más cerebro envuelto en seda.

DESEOS

«Cada noche la ciudad me ofrecía amantes de todo tipo», me contaba mi mejor amiga de la época. «Nunca los rechacé». Llevaba razón. ¿Por qué iba a hacerlo? Aquellos jóvenes del *new wave* de los ochenta eran tan provocativos y bellos que nadie en su sano deseo y juicio podía negárseles:

> *Una vez quise ser inteligente y me volví desgraciada. Un día deseé ser muchacho solamente para poseer el amor de un hombre.*
>
> *A veces ambiciono poseer el cuerpo de otras mujeres para apartarme del mío, este cuerpo demasiado insistente.*
>
> *Yo quisiera alejarme de ser una vida. A veces todas las posibilidades están agotadas.*
>
> *Rue Gît -le-coeur, rue Gît-le-coeur... Saint-John Perse ha llegado de nuevo para salvarme.*

VORAZ

Soy probablemente la única cubana que ha gozado más de esta ciudad que ningún otro coterráneo mío, porque además de buscar libertad, yo andaba inmersa en la indagación, estudiaba a fondo cada minucia y su esencia e intentaba integrarme en una cultura que no era ni remotamente parecida a la mía; anhelaba con todas mis fuerzas que la ciudad me acunara en su regazo cada madrugada, como mi madre lo hacía en mi infancia allá en La Habana:

> *La noche dejó de ser secreta. Desciendo por el parque de los maricones en la punta de la Ile Saint-Louis. Ay, ¿puedo comprar tu sabor?*
>
> *Tengo esa idea y no otra, alquilaré a un impertinente, a un sabio que impida el caos. O no, que me invite a un banquete.*
>
> *Lujuria de adquirir con mis labios un pedazo prohibido, un trozo de su nada. Pero no, ya no.*
>
> *La noche discurrirá en el trasiego de mi garganta. El tercero se opondrá a que devore las arenas de la isla... Relojes, rosales diminutos...*
>
> *Oh, detengan esa vulgar estrategia de prohibir. Suplico que dejen de ser mis límites. Abandone la idea de ambicionar convertirse en el fin.*

He bebido demasiado. He visto demasiado. He vivido mucho más que demasiado. La noche dejó de ser un plato secreto. Abro mis venas. Voraz. El Sena se coagula en mí.

RUMBA DESDE SAINT-MICHEL HASTA BASTILLE

Ocurrió el día en que Francia ganó el 'Match du Siècle' durante la Copa del Mundo de 1986, en Guadalajara, México. Yo estaba feliz, me había comprado unas sandalias griegas nuevas o de segunda mano sin apenas uso en una *boutique* junto al Prisunic de Sèvres, vestía unos pantalones pescadores de los años cincuenta y una blusita tan corta que de solo levantar los brazos mostraba las tetas. Me había rapado el pelo de un lado, y del otro lo llevaba hasta los hombros; era una chica cubana *punk*, cuando en Cuba nadie se había enterado todavía de que existía el *punk*.

París entero se reunió en la Place Saint-Michel. Rutilaba el sol en los bronces verde pompeyano, la Méteo anunció el primer día del verano con bombos y platillos. Era agradable vivir en una ciudad donde las estaciones existían y eran anunciadas como verdaderos acontecimientos. Recuerdo ver a Michel Platini en la pantalla del televisor de un bar, luego a Luis Fernández, apenas entendía de fútbol, lo mío era el beisbol y el boxeo, sobre todo el boxeo. Sin embargo, me fui contagiando con la alegría callejera francesa, con la felicidad de haber experimentado el goce de ver danzar a Platini en un acto de levitación jamás visto.

Al final del *match* recorrimos las calles de esa ciudad que me enseñaba a ser libre...

La idea original fue de otro cubano que nos acompañaba, se marcó una conga, como una especie de rumba-conga, y detrás le seguí yo, después vinieron los franceses, y hasta los brasileiros...

París se vio entonces envuelta en el ritmo de aquella conga, empezamos a entonar un guagancó, seguimos con una guaracha, y los franceses nos seguían... Así llegamos a La Bastille, donde celebramos hasta el amanecer...

París entonces era una rumba, con perdón de Frédéric Chopin, de Ernest Hemingway y de John Dos Passos, aunque con la venia de Víctor Manuel, el pintor cubano de las sino-mulatas que había vivido en los años de *El amor y el arte en Montparnasse,* escrito por Armando Maribona. Y de Ivette Giraud:

La danseuse est Créole
Et dessinant ses pas
Sa robe tourne et vole
Au tempo de la rumba
Sa taille se renverse
Se relève aussitôt
On dirait une liane
Que berce un souffle de vent chaud.

EL MARQUÉS DE NATA

Y por esas cosas de la vida, en una ocasión, durante una Feria del Libro, conocí a uno que se me presentó como que era marqués. Era el segundo marqués que conocía en mi vida. La primera fue Lilia Esteva de Carpentier, marquesa cubana —la esposa del escritor cubano nacido en Suiza, Alejo Carpentier—, que fue de oro conmigo.

El tal marqués que ahora se presentaba ahí, en la Puerta de Versailles, donde hasta hace poco pastaban las vacas durante el Salón de la Agricultura, me pidió que le escribiera uno de mis «podridos» poemas eróticos, en francés. ¡Vaya con el marqués! No lo pensé dos veces, aunque nada de erótico me salió aquel día:

> *La claridad cotidiana y banal cual sueño extremado. Anduve vieja y bárbara.*
>
> *—Ven, eh, tú, invéntame un castillo, un tesoro. ¡Igual da!*
>
> *Soy, para colmo, una chiquilla rompiendo cristales. Acudo a todas partes, emborrachada con aquella voz, la que creí percibir en un murmullo.*
>
> *En aquel instante definitivo en el que esperaba su dedo, su mano:*
>
> *—¡Auxilio! ¡Sálveme usted!*
>
> *Sus ojos color esmeralda deliraban de fiebre. Ninguno podía culparlo... ¿Quién se atrevería a nombrar la enfermedad?*
>
> *Él es, según él mismo, un poco de sabiduría y mucho de cualquier otra cosa todavía por definir.*

Los visitantes no lo admiten. No pueden aceptar su riqueza.

Querida piel, vomitada sangre azul.

¿Cuántas palabras recuperadas a través de los siglos para hallarme refugiada en este idioma?

Desearía diluirme en el hielo. Desearía querer decir...

Mañana todavía seré una chiquilla mórbida.

—Desgárrame la memoria. Pues traidora al fin la memoria me ha revelado que usted es frío. La imagen gélida de una canción

—Todo va muy mal, Señor marqués... Todo va muy mal, requetemal.

Entonces escapé por el sendero que conducía a Champs-Elysées, el que a diario tomaba Marcel Proust, por eso lleva su nombre. Allée Marcel Proust.

EL NIÑO DE CHARLEVILLE

Et l'horizon s'enfuit d'une fuite éternelle.

Arthur Rimbaud.

No pueden imaginar la cantidad de veces que en La Habana había leído a Arthur Rimbaud traducido al español, pero fue solo cuando logré entenderlo y desmenuzarlo en francés, al leerlo debajo del sol de un tórrido verano, sentada frente al estanque del Jardín de Luxemburgo, que pude comprender el verdadero sentido revolucionario de su vida y de la mía, sin miedo a la palabra «revolución», sin pudor y sin segundas lecturas:

> *El niño soborna mi tiempo desde un lienzo de Fantin-Latour. Encabronada virginidad la suya. Por otra parte, aún no ha llegado el momento de definir valores.*
>
> *Yo debiera confesar al igual que él, que no escribo con rencor, pero sí con un poco de nostalgia. A veces no queda otro remedio. Porque he pasado hambre y frío, y estoy herida. Muy hondo.*
>
> *He dicho con claridad de laguna, que estoy contra el lujo místico. Estoy contra los falsos dioses. Contra los ideólogos onanistas, esos que confiesan que escriben en favor de los totalitarismos, olvidando así a las víctimas del tambor rojo.*
>
> *Oh, viaje fecundo... Al niño de Charleville nunca le hicieron falta semejantes tretas para escribirle al mundo.*
>
> *Su cuerpo desnudo un día será mío, porque he poseído la timidez de su alma.*
>
> *Orgullo versus verdad. Mi niño de Charleville. Por culpa de tu fuga hemos sido condenados a ser falsos dioses repetitivos. ¡Piedad!*

ALEGRÍA ARTABÁN

París es una ciudad trepidante, en la que cuando eres joven, la ciudad pone cada noche a tus pies a un enamorado loco. Tuve mi dosis, lo asumí también escribiendo otro poema que me ayudó a aceptar aquel refrán de que «cada loco con su tema», o con su otro loco, como aquellos otros locos del monumento de Auguste Rodin:

> *Huy, amor qué contentos estábamos. Como con zapatos nuevos (aclara el Petit Larousse). Estábamos tan alegres que hemos tocado fondo. Hemos tropezado con la más hondas de las tristezas, allí debajo. Pues desconocíamos la razón, ignorábamos el origen de nuestra dicha.*

—Un día te invitaré a cenar a La Tour d'Argent —dijo mientras me invitaba al griego de la rue Saint-Severin.

EL AGUA DE LA SEINE

Treinta años más tarde he vuelto a leer a Cioran, y me doy cuenta de que queriendo escribir como él entonces, qué lejos estaba de hacerlo. A veces alejarse es acercarse en el tiempo:

> *Ella retorna sin refugio, tan poco espléndida así despojada de batallas. Murmuro palabras de extranjera. Fumo mientras observo ese licor pensante que riela hacia el destino habitual. Bebo envenenada de majestuosidad.*
>
> *El agua de la Seine regresa por el mismo fluido, sin un combate ganado, sin una plasta de mierda, sin una oleada de preservativos chinos lanzados desde una péniche.*
>
> *Sigo subyugada como una turista idiota, que va y viene, sin sentido, o sí... igual al agua de la Seine, como una diva en medio del concierto.*
>
> *El agua ha quedado sin refugios, portadora de divinas miradas. El agua de la Seine es la única que jamás espera.*
>
> *Ella es muy ella. La Seine. Y lo mío es él, muy él, el Malecón. Puede que, si exagero, llegue a extrañar el río Almendares.*

JOYA PARISINA SOBRE UNOS PECHOS RECATADOS

Las arenas del Sahara sobre los parabrisas de los automóviles anuncian la caída de una estrella. Detrás, los niños demonios de colegio de la *rue* Charlemagne entonan su himno. No hará falta lamentar alumbramientos. Es cierto que, como los parisinos, una se vuelve maldita a fuerza de quejas. Aquí he aprendido a quejarme, y a caminar largas distancias.

Una estrella ha caído en mi cabeza. Justo en el instante en que ese hombre me regalaba un camafeo antiguo comprado por unos céntimos en el Village Saint—Paul, en forma de escarabajo. Dice él que cundido de diamantes de cincuenta y ocho facetas cada uno...

Sigo mi camino…

—Enséñame las tetas, negrita... —me dijo, aunque yo no soy muy negrita, pero soy cubana.

—No soy negrita, pero soy cubana, y a mucha honra... Oiga, mire, no, no y no, yo fui una joven decente de mi casa. Pobre, pero decente. Tuve que lavar para la calle, eso sí. Hacer el Malecón y otros gajes del oficio. No y no, caballero, no me provoque... Yo vivo en París y paso por fina. Siempre lo he sido *d'ailleur*...

—Niña, no comas más bolas, te apareces así medio encuera en la rue Saint—Denis, ¿y no quieres que te confundan con una puta colombiana?

Me ha caído un diamante en la cabeza y una estrella entre las tetas. Digo, a la inversa. Puedo imaginar lo que dirán los envidiosos:

—¡Le ha caído un ladrillo en la cabeza y un mojón en el escote!

La sangre rueda por mi rostro. Esta mañana el cielo se movió, todo menos el cielo estaba inmóvil. Muy temprano en las calles aledañas a la rue Saint-Denis el mundo tenía sangre en los rostros. No soy diferente...

Aunque ellos creían que en lugar de arena se trataba de ladrillos de oro enviados desde el Sahara. Yo estoy más que en lo cierto. Eran estrellas.

MONSIEUR B.

Monsieur B. entra en la habitación donde reposo envuelta en un robe-de-chambre que me ha entregado la señora que nos ha recibido a mi amiga y a mí; saluda tímido, va y se oculta detrás del caballete donde reposa un lienzo. Contempla un rato el lienzo en blanco, mueve la cabeza, y de ahí se desplaza hacia la mesa de los bocetos. La claridad entra por el gran techo encristalado de la izquierda desde mi punto de visión. Mi amiga anuncia que me esperará en el Café de Flore, y se marcha no sin antes hacer una cómica reverencia.

Entonces Monsieur B. se dirige otra vez a mí, debo desnudarme y estirarme en el camastro, con las piernas entreabiertas, aunque de lado, no de frente. Luego de garabatear en una cartulina grande me pide que mire hacia un punto en el techo:

—Debe usted imaginar que allí arriba, encima de un armario también imaginario, hay un cuervo que la acecha. Tiene usted miedo, se siente aterrorizada por el cuervo, estire un brazo hacia él, como si la sola visión del cuervo le produjera dolor...

El gato gris vino a arrebujarse y con su cabeza me obligó a que lo acariciara con mi mano. Le gusto a los gatos, y ellos a mí.

—Añadiré al gato, como siempre... —reflexionó en voz alta Monsieur B.— Será una gran composición con cuervo... Y en algún lugar, todavía no sé cómo, habrá un hombrecillo desnudo, de espaldas...

Durante el breve tiempo que posé para Monsieur B. tenía por costumbre describir lo que sería la obra a término, lo hacía en voz baja, musitaba el cuadro... Siempre he tenido buen oído, me fascinaba verlo trabajar con el rabillo del ojo y oír la melodía de sus murmuraciones creadoras.

Una vez terminadas las dos horas, Monsieur B. pidió que me vistiera y muy amablemente me ofreció un té hirviente de jazmín. Me pagó lo acordado, guardé el dinero en el monedero de piel de cordero comprado en La Samaritaine, allí donde José Martí hacía sus compras cuando viajó a París por primera vez, me despedí de Monsieur B. con una breve reverencia solo de la cabeza, aunque siempre daban ganas de abrazarlo, pero nunca lo hice.

Bajé las escaleras hacia la Cour de Rohan, y una vez fuera del atelier sentí una felicidad exclusiva, que sabía no debía compartir con nadie, ni con la amiga que me esperaba en el Café de Flore, respiré hondo satisfecha. Había posado una vez más para Monsieur Balthus, aunque no quería cobrarle me había pagado, y me había dado afectuosamente dos suaves palmaditas en la mejilla.

LA PLAZA DE VOSGES CON ALAN RIDING

Y heme aquí —hace varios años— leyendo el libro de Alan Riding, *Y siguió la fiesta. El París cultural ocupado por los nazis*. De esos libros históricos, de iluminadora historia, valga la redundancia, que marcan de por vida.

Hace varios años, Alan Riding y yo paseábamos por la Plaza des Vosges, primero le dimos la vuelta por el exterior, y luego por dentro, nos sentamos en varios bancos, húmedos. Empezaba a nevar, pero tanto a Alan Riding como a mi nos gustaba conversar bajo la fina nevada. Daniel Mordzinski nos fotografiaba, más tarde se olvidó de nosotros.

Alan Riding había decidido entrevistarme, quería saber lo que pensaba una joven escritora cubana sobre los últimos sucesos en Cuba a propósito de uno de mis libros. Creo que mi sinceridad amilanó a Alan Riding, tanto como su libro me asustó en el momento en que lo leí.

Siempre se trata de *'La Betisse'* (gracias, André Glucksman), de la bestialidad humana, y de la bestialidad desgraciadamente nadie se salva. Ni su hijo.

DORA MAAR

De los mayores regalos que me ha dado París está el de haber conocido, aunque sea brevemente, a Dora Maar durante una sesión de fotos en la esquina de la rue de Savoie donde ella vivía, en el número 6, y durante dos años.

En aquel entonces Dora era ya una anciana, aunque su belleza seguía intacta. Un poco encorvada, es cierto. Su voz permanecía erguida, como empinada a veces, fuerte.

Dora, en medio de aquellas alucinaciones que le atravesaban el espíritu, supo prevenirme contra la envidia, contra el odio, contra el amor. Ella sabía bastante acerca de eso. Nunca quiso, sin embargo, que habláramos en profundidad de Picasso. De todo podíamos hablar menos de su *Maître* (Maestro y Dominador).

Dora conservaba una piel muy delicada, es lo que más recuerdo de ella: su piel, así como su voz. En eso coincidíamos, James Lord, Bernard Minoret y yo, cuando nos referíamos a ella: su voz, su piel. ¡Qué maravilla única e irrepetible!

Poco antes de que Dora Maar cayera fulminada aquella mañana por la muerte en la plazoleta frente a Notre Dame, tuvimos una conversación banal sobre las rosas amarillas, a ella habían dejado de gustarle, a mí me gustaban. Mientras conversábamos observaba su piel, tan frágil, semejante a aquella pequeña escultura de papel en forma de pajarito que Picasso le había obsequiado para después arrebatársela.

Mi ternura por Dora Maar hizo que escribiera una novela sobre su impacto como artista y el enigma de su vida. Una novela puede ser escrita solo por esa necesidad imperiosa de narrar con palabras lo que una piel espléndida cuenta a través de su misteriosa delicadeza. Y al final nunca sabremos si hemos logrado de verdad 'traducirla'. La mujer que llora con Notre Dame al fondo se convirtió en una de mis más constantes obsesiones.

MILLEFEUILLES

En la panadería de la rue Saint-Dominique, a pocos pasos de la *Clef de Soldes*, vendían el mejor *millefeuilles* de todo París, el más rico que me he comido en vida de exiliada. En La Habana, en una época en la que hubo panaderías fabulosas y decentes, al *millefeuilles* se le llamaba señoritas, o milhojas, aunque no los recuerdo tan sabrosos.

Bajaba de la buhardilla después de teclear en la Olivetti durante horas aquellas frases largas de mi primera novela queriendo imitar a Marcel Proust (aunque en español), y enseguida me iba a ver qué habían sacado de nuevo en *La Clef de Soldes*. Allí me compré por nada un impermeable color caramelo de Yves Saint-Laurent, que ya no me sirve, pero lo guardo como oro en paño. Era cuando todavía se podían comprar vestimentas de calidad de segunda mano, y no estaban fabricadas en China.

Después de haber dado una vuelta por *La Clef de Soldes*, iba y me compraba un *millefeuilles*, que al morderlo me entalcaba de azúcar toda la cara, la crema interior de vainilla se deshacía en mi boca y yo debía detenerme, cerrar los ojos, para intentar elevarme al nivel que semejante sabor lírico requería.

De ahí me dirigía a los Inválidos, acostada en el césped contemplaba el cielo, y me decía que Edith Piaf tenía razón cuando cantaba que *Sous le ciel de Paris / S'envole une chanson...*

PARÍS, JULIO

Es la estación de los grandes baños, de los desnudos bajo la cerveza de 1664, de elegir un lugar fuera del mundo.

Es la época de los insectos verdes en el escenario, a la manera de Monet. Es el verano en el aburrimiento del ciclo de los siglos y para nosotros que creemos ver... *nevermore*, a la manera de Poe.

Es la estación —palabras mágicas— de las rubias descongeladas y de los insípidos jefes de oficina, de los perfumes oscuramente de moda... porque este país depende del tiempo como de golpes de locura.

Incluso la política se va ablandando como un milhojas de jamón. Son días de ladrones expertos, sin sudor que les perturbe, de esculturas de Antinoos regateadas en el Rastro de Saint-Ouen, camisas *new wave* hasta la náusea.

Es la ocasión de besarnos junto al río mientras la edad lo permita, ella arrastra todo a su paso...

Y los anónimos pululan alrededor de la destreza disparando el retrato del silencio con sus Canon relucientes.

La televisión gana la partida, los libros arrasan los presupuestos... Es un verano descuidado, salvavidas, convincente y tormentoso... Es un calor seco sin alta mar de fondo, acorralado hasta el último grado.

Es un entorno agradable donde la naturaleza ha perdido poder y donde incluso escribir un poema es como ganarle la partida a la publicidad.

PARÍS, OTOÑO

El tiempo te hace sentir culpable, es otoño y nadie se tomará la ausencia como un castigo. No, no soy culpable. Esta vez no.

Echará de menos la desesperación de besar en las dos mejillas, y las cartas volarán de la cama al mundo, a La Habana.

La playa volverá como en la infancia, ofrecida en alegorías. Los benévolos sabios codiciarán las hojas doradas. Insisto en que yo no tengo la culpa.

Insisto una vez más en que no sabré concentrarme, cautivar a este nivel no es una magia que me seduzca.

El espacio dará fiebre y, por supuesto, me pondré enferma para llamar su atención.

No espero saciar a los espejos, no pretendo volver a los campos minados... La nieve fue una dolorosa pesadilla que encharcó mi vida y los nombres serán como los árboles de un bosque, imposibles de definir cuando abra los ojos.

¿Pero dónde juegas tú con tu sexo en medio de la noche?

Observo que hoy el día está espumoso. Es otoño, puedo sentirlo. Y no pospondré la fuga.

Y no, no soy culpable. Me repito mientras subo las escaleras del viejo edificio de la Place Clichy: no soy culpable.

COMO NARCÓTICOS

Conocí al escritor italiano Alberto Moravia en el apartamento de un periodista italiano que trabajaba para *L'Express*. Moravia era un anciano muy pizpireto, lo he contado en mi libro *La intensa vida*: literal y subrepticiamente, mientras hablábamos de literatura, me tocó el culo.

Yo observaba temblorosa la iluminada Torre Eiffel que se podía apreciar desde una de las ventanas de aquella residencia próxima a los Campos de Marte, y evocaba una frase Moravia mientras sentía el cosquilleo de sus dedos en mis nalgas; más tarde escribí un poema, que cuando se lo mandé por correo postal a él le divirtió mucho, porque creo que no lo entendió. Estaba compuesto en mi hermético francés de la época:

> *La transformación del eros en energía creadora debe proceder de una disposición natural sin intervención externa de la voluntad.*
>
> Alberto Moravia.
>
> *El diván de los postrados se nublará, los extraños abrirán sus diccionarios tendenciosos. Acusados de violencia jugamos al scrabble.*
>
> *En la agonía de los papeles que pasan por grigris, la anemia duerme en el sofá dorado.*
>
> *—¡Mala cocinera! —me decían, mientras continuaban los rituales.*

Calzábamos zapatillas fluorescentes, vestíamos indiscutibles camisas de palmeras. En patines, cínicos, empujábamos a la gente sobre el hielo de la pista de patinaje de Montparnasse.

Pintábamos las paredes acribilladas a balazos con un rodillo, por los agujeros de nuestros bolsillos entraba y salía el ángel, al que perseguíamos con un polvo malsano para escapar de la anárquica atmósfera art-déco y proteger el secreto individual.

Las sensaciones eran recoger hojas de otoño antes de que tocaran el suelo, revolcarse en el asfalto de los Campos Elíseos, secar las hojas en bolsas de nailon colgadas de los tiradores de las puertas.

La sensación era de arrodillarse y suplicar una escapada al cine.

Emocionada, aprendí a llevar guantes de encaje y cuero, a usar vestidos como remolinos de tul negro y verde, aprendí a codearme con la burguesía.

Existía entonces la sutil omnipotencia de la seda, la dignidad de la lana virgen, los hombros desdibujados bajo la piel de visón.

Frente a Marcel Proust mojamos magdalenas, chez Angelina, sumergíamos las magdalenas de pura mantequilla en tazas de té de todo tipo.

El aburrimiento nos acosaba mucho menos a menudo, éramos más considerados con nosotros mismos. Entonces nos queríamos como colegiales europeos, anticipando las circunstancias de la oscuridad que señalaba el regreso a las habitaciones.

Aunque la tienda de lápidas no solía atornillar el portón eléctrico. Sin quererlo, inventamos pirámides, por adelantado, excesivas y lúcidas, divergentes; era raro ser tan riguroso en aquella época plena de deseos. Deseos, como narcóticos. Monopolizábamos el sueño, en trance, como narcóticos.

POSANDO PARA VOGUE

Fumaba un cigarrillo tras otro, no se podía vivir en París y no fumar, era la ciudad donde todos fumaban. Serge Gainsbourg había puesto de moda los *Gitans* mediante una célebre y pegadiza canción; pero, aunque me hubiera gustado fumarlos mi garganta no aguantaba su aridez, me puse a fumar otra marca más suave: *Philip Morris Bleu* con filtro.

Una amiga con la que oía a Celia Cruz sin parar me introdujo en el tema de la astrología, se la pasaba indagando en mi carta astrológica y veía éxito por todas partes; en una ocasión, mientras bebíamos unos *kyr royals* en un café de la rue Moufftard predijo que yo posaría para la revista Vogue, que ahí estaba clarito en mi signo. No sé todavía cómo pudo averiguarlo entre líneas y números trazados de manera enigmática encima de un papel. De ahí al poema no faltó nada:

> Mi carta astrológica comienza con lo obvio de la muerte, los temas intelectuales constituyen fuertes lacayos, frenos para mis simbólicos pestañeos femeninos. Miro caprichosamente hacia dentro, puedo capturar un lente, estropear un número de la revista, el que trata más o menos del roce subrepticio masculino y del instinto plagiario del lector...
>
> Hoy he fumado demasiados Philip Morris Bleu con filtro... merodeo con astucia, sí, de vez en cuando enciendo otro ciga-

rrillo. Hay algo duradero, algo importante aquí, en el centro de la vida, que no se ve en las fotos.

Alcanzaré la belleza, no solo cuando, como hoy, me aliste en el ejército de las grietas maquilladas y cumpla mi servicio militar obligatorio mediante maniobras indiscretas, sino también cuando él, provocador inalterable, me bese las rodillas y la frente, y cuando deje de pagar por mi imagen en los quioscos.

GOLPE DE DADOS MALLARMEANO SOBRE UN PAISAJE PARISINO

La palabra que más me gustó desde el primer día fue *nonchalance*, la asociaba con París, donde puedes disfrazarte de cualquier cosa, ponerte cualquier sombrero, que por muy estrafalario que vayas nadie se volteará a mirarte, la indiferencia o *nonchalance* dará cuenta de tu atrevimiento. Además, *nonchalance* es una palabra que suena con una sensualidad inigualable. Una tarde salía yo de la Alianza Francesa, en el Boulevard Raspail, e iba dándole vueltas en la mente a esa palabra, mientras la pronunciaba por lo bajo, para mí, para ver cómo podía usarla, cuando un joven se me paró delante, impidiéndome el paso.

—Llevo días observándote a la salida de la escuela de idiomas, y ahora no puedo dejar de abordarte, me gustas… —musitó.

Ese «me gusta» lo soltó no sin cierta *nonchalance*, que es algo más que indiferencia, porque es indiferencia con una cierta elegancia.

Sonreí amable. Preguntó mi nombre, se lo di, respondió que le gustaba mi nombre porque le encantaba leer a la historiadora y novelista de origen ruso, nacionalizada francesa, Zoé Oldenbourg, y se la había recordado.

No la había leído todavía, me dio vergüenza confesarlo; él caminaba a mi lado:

—Me llamo Mallarmé —dijo sin ningún asomo de apuros.

Volví a esbozar una sonrisa, irónica esta vez, sin creerle, ¿cómo alguien podía llamarse Mallarmé?

—En serio, mi madre adora a Mallarmé, de ahí que me bautizara así... Y, ¿quién es tu escritor favorito?

—¿Debo decírtelo ahora mismo?

Asintió.

—Son muchos mis autores predilectos, no puedo darte un nombre en específico —contesté evasiva.

—¿Has leído a Cioran?

Me encogí de hombros. Mallarmé me hablaba de Cioran, ¿qué sentido tendría aquel encuentro?

En efecto, no lo tuvo; aunque le di mi teléfono, Mallarmé nunca llamó a la oficina, no volví a verlo por los alrededores de la Alianza Francesa durante un buen tiempo.

No obstante, al menos intenté mi primer *haikú* en la lengua de Molière:

Un caballo muerto bajo la lluvia
es como un dado cargado
la trampa o la suerte.

Un año después, Mallarmé reapareció, nos dimos cita en el cine Gaumont Montparnos para ver *Reflejos en un ojo dorado* (1967), de John Huston, con Elizabeth Taylor y Marlon Brando. Mallarmé nunca me perdonará no haber podido llegar a tiempo.

COMO UNA DIABLESA EN EL MUSEO GUSTAVE MOREAU

A menudo pongo caras de diablesa frágil. Muy a menudo también duermo al pie de la ventana. Y escucho el canon efímero del silencio, como si de él emanara una vieja y dulce melodía.

A menudo me hago la dormida para divertir a los demás, pero descubren mi juego porque me río llorando, sobre todo...

Sobre todo, me gusta esta frase que en francés es palabra: «*sourtout*», y también la palabra despreocupación...

Surtout, cuando el rumor de los perfumes desaparece para siempre. Muy a menudo muero, como si la muerte fuera una solución a la tormenta.

Al rato, despierto otra vez de todas esas pequeñas muertes tan agradables ligadas al sexo y al deseo, sobre todo al deseo; bajo a la calle, tomo el Métro que se dirige al museo Gustave Moreau, y una vez allí estudio con esmero ese gesto petrificado y sonriente en el rostro de Salomé con la cabeza del santo en una bandeja de plata.

PASAPORTES, BANCOS, MÉDICOS, VIDA...

Vida Sender se ocupó desde el primer día de retirarme el pasaporte, lo que impedía que pudiera escaparme hacia un tercer país, lo guardó en la caja fuerte de la oficina.

Con la cuenta de banco sucedió algo parecido, Vida Sender era la única persona que tenía acceso a la cuenta de la oficina, y me entregaba los 632 francos que me pagaban mensualmente en un sobre blanco sellado.

Las citas al médico también estaban controladas por Vida Sender, y si el asunto era de gravedad se debía entonces regresar a Cuba. Yo prefería morirme en París, agonizar en el parque Montsouris —allí donde ocurre aquel diálogo tan maravillosamente sencillo en *Cléo de 5 à 7*— antes que regresar a Cuba.

—*C'est à quelle heure votre hôpital?* —preguntó él a Cléo.

Vida Sender no era la única en controlarlo todo, pero resultaba irónico que llamándose Vida nos controlara la existencia de forma tan groseramente expeditiva.

GEORGE WHITMAN, ANAIS Y JOAQUÍN NIN CULMELL, LAWRENCE DURRELL, Y SHAKESPEARE AND COMPANY.

He contado antes en otros libros acerca de cómo conocí al poeta y librero George Whitman de una de las librerías más bellas de París: Shakespeare and Company, y de cómo viví y dormí en esa librería rodeada de gatos cuando apenas contaba veintitantos años, donde atrapé toda suerte de bichos: ladillas, pulgas, piojos… pero donde también leí gran variedad de libros, y donde conocí a dos inmensas escritoras, Alba de Céspedes, la bisnieta del Padre de la Patria de Cuba, Carlos Manuel de Céspedes, el primer cubano en liberar a sus esclavos, y a Djuna Barnes. La primera en persona, la segunda en espíritu, mediante sus libros. Esos maravillosos encuentros, a modo de bautismo literario, los he narrado en mi libro *La intensa vida*.

Aquella tarde entré en la librería como quien regresaba a casa, en verdad era entonces también mi casa, allí dormía algunas veces y allí me alimentaba gracias al librero y poeta George Whitman; éste me avisó que en breve asistiría a una lectura—conferencia del escritor británico Lawrence Durrell, recuerdo que di varios saltitos acompañados de ingenuas palmaditas, ya yo había leído traducido al español y al francés, *El Cuarteto de Alejandría*; Durrell era entonces de mis autores preferidos, y lo sigue siendo. Whitman peinaba en aquel tiempo su cabellera —que comenzaba a ser plateada— un poco larga, aunque no le llegaba todavía a los hombros, y sonrió alisándose nerviosamente la melena frente a mi reacción de muchachita cubana demasiado entusiasta para su gusto.

—¡Esta cubanita, esta cubanita es tremenda! Sabes, mi pequeña Zoé, divina Eva Dida, a veces me recuerdas a *Mademoiselle* Anaïs Nin, pero más avispada—. Que George Whitman considerara que yo le recordaba a Anais Nin, aunque más alborotada, constituía para mí el mayor de los elogios.

Años más tarde, el hermano de la autora de *Delta de Venus*, el músico Joaquín Nin Culmell, me escribiría más o menos lo mismo por carta, a raíz de haber leído mi novela *La nada cotidiana*, y también de tal modo lo consideraría un artículo en el *New York Times*.

«14 de enero de 1998.
Mi distinguida amiga Zoé,
Ayer di un pequeño salto a Ginebra y tuve la suerte de encontrarme con el Herald Tribune en el avión. ¡Qué sorpresa más agradable al leer el artículo sobre su libro La nada cotidiana! Y hoy, aniversario de la muerte de mi hermana Anaïs, le escribo para saludarla muy cariñosamente. Estoy en Barcelona hasta mediados del mes de marzo. ¿Nos veremos? Así lo espero. En todo caso, unas palabras suyas me encantarían.
Saludos a su esposo y un besito a la niña.
Un fuerte abrazo de su amigo,
Joaquín Nin Culmell.
Duquesa de Orleans 11
08034, Sarrià, Barcelona».

En varias posdatas de otras cartas reiteraba la frase:

«PD/ ¡Me recuerdas tanto a Anaïs!».

El crítico literario y periodista Larry Rohter consideraría más tarde: *The Madonna of Cuban Littérature. Zoé Valdés as our Anaïs Nin.*

Pero en aquel mediodía soleado en que iba a asistir a una intervención de Laurence Durrell, y que George Whitman me servía un té acompañado de unas *madeleines* proustianas algo zocatas en el primer piso de la librería, ni podía imaginar que en el futuro mantendría una correspondencia con el hermano de Anais Nin y mucho menos que un crítico literario del *New York Times* se refiriera a mí comparándome con una Madonna, con la Madonna de los años ochenta, y con la escritora que me había conducido por un ex libris en uno de sus libros comprado en los *bouquinistes* del costado del Sena a la librería Shakespeare and Company, la que devendría mi hotel particular, y queriendo a un gran guía como el poeta *beatnik* George Whitman.

Laurence Durrell dio su conferencia en inglés, también leyó en inglés. Mi inglés no era bueno entonces, tampoco lo es ahora. Sin embargo, me mantuve pendiente de cada una de sus palabras, de sus gestos, de cómo abordó entonces la aventura literaria, como la de un verdadero cosmopolita cuyo único cometido era escribir. Contó cómo había conocido a Henry Miller, con quien sostuvo una desopilante e inolvidable correspondencia desde cada uno de sus viajes.

Al finalizar, George Whitman me condujo hasta él, tuvo la delicadeza de presentarnos, dijo que era una fiel lectora suya, que sería una escritora de verdad, que me faltaba poco para serlo, que debía pasar más hambre y aprender todavía más de la soledad. No se equivocaba.

Recuerdo la mirada picaresca de Laurence Durrell, y en el fondo de sus pupilas percibí un destello que quise interpretar como de satisfacción o de goce, no sé… En cualquier caso, lo recuerdo feliz de habernos hablado; el público (unas treinta personas) también se mostró sumamente agradecido.

George Whitman y yo nos detuvimos en la acera tras despedir a Durrell, lo observamos alejarse algo encorvado, con su gorro de invierno en plena primavera, iba en vuelta del cine de ensayo *Saint-Andrés des Arts*, situado en la calle del mismo nombre, del *Quartier Latin*.

Entramos a la librería, ayudé a Monsieur Whitman, que era como yo lo llamaba, a recoger y guardar las sillas en un húmedo sótano.

PLACE DE LA CONTRESCARPE, LA PISCINE…

La *Place de la Contrescarpe*, en el barrio histórico de la *rue Moufftard*, era con lo que verdaderamente me había familiarizado antes de viajar a París —además de la Tour Eiffel, el París de *Los misterios de París*, de Eugène Sue, y de toda la literatura francesa que había devorado—, gracias a una de las lecciones de francés de aquel libro de idiomas que me prestaba mi profesora de idiomas, *Madame* Léo Lénormand, una francesa que había llegado a La Habana en el año 1954 entre los miembros del *staff* del célebre modisto Christian Dior cuando hizo su desfile en la famosa tienda El Encanto.

Madame Léo Lénormand no regresó a Francia, decidió quedarse en la capital habanera, pues se había enamorado de un empresario cubano, con el que se casó; al poco tiempo enviudó, y no deseó abandonar Cuba. Pese al hambre que pasaba después de 1959, y que ella misma afirmaba que jamás había padecido ni durante la Segunda Guerra Mundial, allí se quedó, dicen que está enterrada en el cementerio de Colón.

Madame Léo Lénormand me enseñó a mover la boca de todas las formas posibles en francés al pronunciar *Place de la Contrescarpe*… Entre las cosas que amo de este idioma, además de su musicalidad, es la mímica que lo acompaña.

De modo que una vez en París, una de las primeras plazas que visitaba casi a diario era la *Place de la Contrescarpe*, desde allí escribí varias cartas a *Madame* Léo Lénormand, que nunca supe si le llegaron o no, pues ella jamás respondió; culpo al correo cubano, pues todavía entonces un departamento del régimen asignado para tal tarea revisaba una por una las cartas que llegaban del extranjero, y los policías encargados decidían si las cartas se entregaban o por el contrario se tiraban al basurero. Idéntico procedimiento al que hacen hoy desde la UCI con la intercepción y censura de emails, convenientes o no.

Desde las variadas *brasseries* y cafés que circundan la *Plaza de la Contrescarpe* escribí cientos de cartas destinadas a amigos y familiares varados en aquella isla, inclusive si sospechaba que probablemente no llegarían a su destino, asumí el ejercicio como parte del sacerdocio literario. El género epistolar es de los géneros que más amo en literatura, desde que leí *Les Liasons Dangereuses* de Pierre Choderlos de Laclos. Desde que leí a John Dos Passos y a Ernest Hemingway.

Al poco tiempo, cansada de merodear el barrio alrededor de la *rue Mouffetard*, descubrí la piscina Jean Taris, cercana a la *Place de la Contrescarpe*, en la que muchos años más tarde enseñé a nadar a mi hija.

Me fascinaba poder nadar entre las doce y la una del mediodía, cuando la piscina se hallaba bastante despoblada de nadadores solitarios y todavía no habían llegado los colegiales con su gritería trayendo con ellos el afán infantil de romper la tranquilidad del lugar.

Siempre me ha gustado nadar en el mar, poco en las piscinas; en París aprendí a nadar en esos cuadrados licuados bajo techo, como ya dije, en horarios poco frecuentados. Aunque también en esos horarios se corría el riesgo de tropezarse en las duchas con perturbados masturbadores, a los que el único deporte que les interesaba era el de provocar —ponían la natación como pretexto—.

Las duchas de la piscina Jean Taris daban pavor, nada las dividía en aquella época entre hombres y mujeres, por tanto, los espectáculos incómodos estaban asegurados, masturbaciones disimuladas incluidas.

Pero, eso sí, valía la pena enchumbar los pies en el *bac*, bandeja de cloro, y después de un buen enjuague desinfectante, introducirse en el agua de un chapuzón; nadar sumida en el silencio, sabiendo que afuera seguía en su eterna ebullición París, ciudad estridente, esperándome para ser descubierta poco a poco por mí.

CHERNOBYL

La nube química pasó por París el día de mi cumpleaños, dos de mayo de 1986. Las autoridades habían avisado que nadie debía salir de sus casas a nada en aquel día nefasto. Sin embargo, mi jefe en la UNESCO me ordenó ir a cuidar la oficina, pues según él con su paranoia no debía quedarse sola precisamente ese día en que cualquiera podía entrar y robar. ¿Robar qué? Él solo podía saber a quién carajo se le antojaría robar lo inexistente. En cualquier caso, como en otra ocasión en que prefirió cuidar de la salud de su perra antes que de la mía, ahora elegía la oficina antes que a mí.

De modo que la mañana en que la nube tóxica pasó por París probablemente haya sido de las pocas personas turulatas en salir a la calle y tomar el metro en la *Tour Maubourg*, sin mascarilla y sin gorro, a pelo. Hizo sol, al menos no llovió, lo que hubiera empeorado la situación.

Meses más tarde se multiplicaron los nódulos en la tiroides, perdí el pelo y bajé mucho de peso. Debí aceptar un tratamiento médico, consistía en pincharme varias veces el cuello con unas agujas inmensas en un hospital lúgubre de París, lejos de mi familia. Allí, a aquel salón de paredes grisáceas y pesado cortinaje, iba sola. Salía temblando, los dientes castañeteándome, de frío y miedo.

Desde entonces padezco de un descontrol tiroidiano crónico. Al final lo uso para que me ayude a escribir, creo yo que mejor, o peor, ¿quién sabe?

MARABÚ

María Montero, la secretaria cubana de la UNESCO, me había aconsejado que fuera a comprarme unas medias más gruesas en Tati. La temperatura había bajado a menos quince grados y mis zapatos y mis medias no eran los adecuados, me helaba. Tati era la tienda de los diplomáticos cubanos debido a sus bajos presupuestos; no era diplomática, pero era la esposa acompañante de un segundo secretario que ganaba un poco más que yo, o sea, entre los dos ganábamos una basura.

Seguí la recomendación de María Montero, tomé el metro y me bajé en *République*; a la salida de la boca del metro unos cuantos señores obstruían el paso. Uno de ellos, cuyo rostro se mostraba muy venerable, enfundado en un largo vestido o bata colorida con motivos africanos, me tendió una carta de visita en la que pude leer:

> «*Marabout Monsieur BENGA. Grand Voyant. Médium aux Dons Héréditaires. Très compétent, travail rapide et honnête... Amour, mariage, économie, carriére, désenvôutement, réusite dans les enterprises, éxamens, et concours...*» Y al final una dirección en el barrio XVIIIème...

Sonreí ante la amabilidad del señor, guardé la tarjeta en el bolsillo del abrigo y acudí a la puerta de la tienda antes de que cerraran.

Entré a Tati, y sin mirar mucho las ofertas, no tenía dinero más que para las *swanklerinas* negras más baratas, elegí mi talla, pagué en el mostrador y me marché lo más pronto que pude; pues para colmo, en septiembre de ese mismo año, 1986, había ocurrido un atentado terrorista en el Tati de la rue de Rennes, lo que había provocado varios muertos y muchos más heridos.

No volví a la oficina, regresé a casa; una vez en la buhardilla colgué el abrigo y vacié los bolsillos, no me había olvidado de la tarjeta de visita del *Marabout Monsieur Benga*. La palabra que me había llamado la atención era «desenvolvimiento». En Cuba para cualquier «desenvolvimiento», o sea, para cualquier trabajo espiritual, es costumbre visitar a un santero. Mi abuela era santera, de modo que a mí esas burundangas no me dan miedo, además sentía y siento respeto, iniciada como soy.

Pronto tendría examen de francés en la Alianza Francesa y necesitaba imperativamente aprobarlo, para colmo había enviado mi segundo poemario a un concurso de poesía en España, y me moría por ver mi libro publicado, pues no había premio en metálico, solo la publicación del librito. Pensé que iría a consultar al santero, que visto lo visto aquí se llama marabú, a ver si lograba hacer conmigo un buen «trabajo« espiritual.

Al día siguiente, al terminar el horario de oficina bajé en el ascensor junto al embajador norteamericano que siempre se las arreglaba para rozar mi dedo meñique con el suyo; caminé las cuadras necesarias, acudí al metro hacia la dirección indicada en el barrio dieciocho, llevaba una bufanda blanca y un sombrero negro que me había regalado una amiga madrileña.

Caía la noche, recuerdo un oscuro patio que daba a una puerta entreabierta al fondo, toqué brevemente con los nudillos. Una voz ronca desde el interior preguntó con un fuerte acento que quién era, que si iba para consultarme hiciera el favor de entrar. Empujé levemente la puerta, me hallé en el interior. Un sitio sombrío, apenas iluminado por unas velas.

Al fondo, sentado a una mesa bastante baja, el *Marabú Monsieur Benga* esperaba con la bata levantada, las manos colocadas en las lustrosas rodillas, una sonrisa como de éxtasis…

Mi miopía de entonces no me permitió advertir que encima de la mesa cubierta con un paño rojo no asomaba como yo creía ver un cetro africano de ébano, sino un enorme pene enhiesto y brilloso; solo llegué a descubrirlo cuando ya me hallaba a pocos pasos del imponente hombre.

No chisté, nada, ni esta boca es mía, tampoco sentí miedo, solo di la vuelta y acudí como en cámara lenta, en ralentí, a la puerta. Él tampoco pronunció una palabra. ¡Vaya «desenvolvimiento» el de *Monsieur* VERGA, digo, BENGA!

Una vez en el patio corrí a todo lo que daban mis piernas, alejándome cada vez más de aquella estruendosa carcajada a mis espaldas que jamás olvidaré.

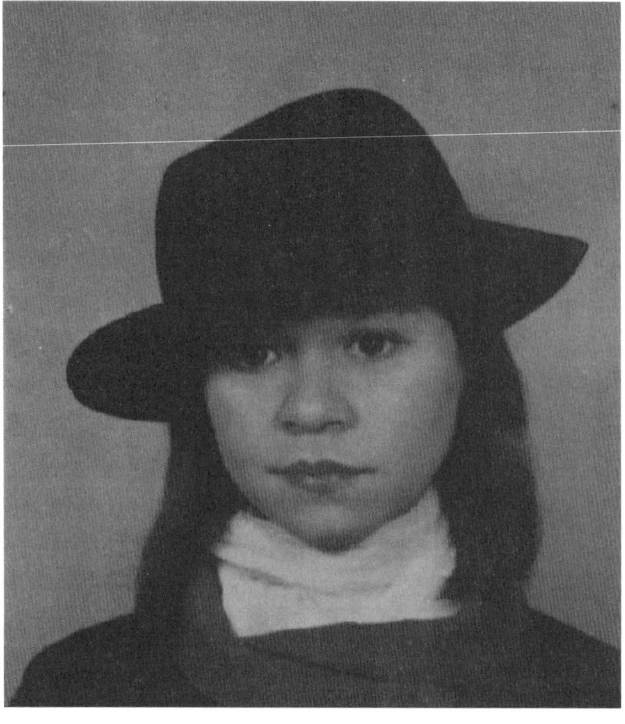

LES BAINS DOUCHES

Existen cuatro ciudades donde la iluminación está muy relacionada con el agua del mar o del río.

En La Habana, cuando el mar es espumoso la ciudad deviene del color de la cal blanca, cuando es de un intenso azul eléctrico, la atmósfera se torna de un azul caribe, y cuando el mar fluye en oleadas densas y plateadas, la ciudad se vuelve como de azogue; sin embargo, nunca definida por las estaciones, que no existen.

En París, cuando el otoño permea las aguas del Sena de dorado, la ciudad muda de un triste azulenco a dorada. En verano, el verde pompeyano del agua la tiñe de un moho monumental propia del simbolismo. En invierno, si nieva, puede mudar en un blanco vertiginoso, o de un grisáceo empañado por la lluvia como si el Sena se vertiera desde el cielo encima de los techos. En primavera el río inunda la ciudad de gotas lilas, como si fueran mariposas que volaron desde un campo sembrado de violetas imperiales.

En Sevilla, el Guadalquivir colorea el verano de rojo torero, la ciudad sangra por las esquinas. En invierno, el río la baña como de una nívea capa nacarada. En otoño prevalece un azul casi celestial. En primavera el carmelita de la piedra la cubre de un púrpura que compite con el tono arenoso del desierto.

Venecia es toda líquida, de una viscosidad tornasolada, como si esta ciudad fuera el elemento unificador del resto de las aguas y de las otras ciudades.

El agua de las cuatro ciudades, de noche cerrada, pareciera que se uniera para empaparlas o humedecerlas con una especie de viscosidad irisada. Caminar por París al despuntar la madrugada es de las sensaciones más fascinantes que he vivido, como lo era caminar en una época por La Habana, o por breves períodos por esa vaporosa Sevilla, o cuando lograba perderme en la misteriosa Venecia, lo que invariablemente ocurre; perderse en Venecia es rencontrarse.

Salí tarde aquella noche, sobre las once, por momentos sentía que caminaba por La Habana, bordeaba el cinturón del Malecón, o que respiraba el calorcillo sevillano, o embriagada me apresuraba por las callejuelas con el aroma emanado del *Ca' d'Oro* en Venecia; pero, al llegar a la entrada del club *Les Bains Douches*, los efluvios del perfume *Paris* de Yves Saint-Laurent, por entonces muy en boga, me confirmaron que transitaba por el *Marais*, uno de los barrios más misteriosos de París.

La *boîte de nuit* conocida por Les Bains Douches, antiguos baños termales creados en 1885 por François Auguste Gerbois y su hijo Albert Gerbois, en el 7 *rue du Bourg-L'Abbé*, estaba muy de moda en los años ochenta. El Pintor Celestial me había dado cita allí; de hecho, me invitaba, pues yo no podía permitirme los precios de aquella discoteca.

Desde una cierta distancia avizoré su melena entonces veteada de rubio, su rostro como tumbado hacia abajo y caído del cielo tan parecido al Cristo crucificado de Zurbarán en el Museo del Prado. Conversaba con una chica muy alta, de pelo corto, medio desnuda enfundada en un vestido de tules negros...

Esperé detenida, inmóvil, a unos pasos, al reparar en mi presencia se dirigió hacia donde estaba como en *stop motion*, tomó mi mano y estudió mi indumentaria antes de saludarme, movió la cabeza de forma negativa, su rostro ensombrecido cavilaba, dudaba. Pude captar el mensaje al instante, no iba adecuadamente vestida para aquel sitio de una nocturnidad alevosamente de moda.

En efecto, como muchos años más tarde en Nueva York, aquel que aceptaba o no a los invitados en la entrada contempló y estudió mi atavío rápidamente, de arriba abajo, con un rictus de desprecio, decidió al punto que yo no era elegible como público, o sea, me impidió entrar. El Pintor Celestial se encogió de hombros, tomó de la mano a la muchacha jirafa moscovita y me dejó plantada en la acera. De tal modo sucedió noche tras noche, por mucha ropa a la moda que pedí prestada, cada vez me negaban atravesar el umbral.

En el último intento, la jirafa rusa novia del Pintor Celestial, tuvo la excelente idea de que antes de ir una enésima vez, probara y me disfrazara con los trajes masculinos del artista. Accedí a la proposición y concluimos que lo mejor que me quedaba eran los atuendos elegidos por ella: una camiseta a rayas tipo la que usaba Picasso, un pantalón de cuero rojo tomate un poco sucio y gastado, un chaleco también de cuero negro, el impermeable negro con el cinturón y las trabillas por debajo de las caderas, cuyas hombreras eran enormes, y para dar el puntillazo una gorra de Sherlock Holmes (solo faltaba la pipa).

Pero, así y todo, algo no iba bien... Katrinka me quitó la gorra, el pelo era un problema, dijo. Lo sabía, mi problema siempre ha sido este pelo horroroso. No lo pensó dos veces, tomó la máquina de afeitar del baño, vino hacia mí y se dio a la tarea de rasurar mi cráneo. Me dejé hacer, sumisa, inclusive lo encontré divertido; en aquella época me dejaba hacer ese tipo de abusos raros.

—Pon atención, cuando llegues a *Les Bains Douches* trata de pasar por un varón, finges masculinidad, creo que también tienes otro problema para nada banal, y es que de mujer no luces bien. Te ves mejor de muchacho —aseguró la jirafa moscovita.

El Pintor Celestial estalló con una risotada. También yo.

Esa noche y las otras no tuve ninguna dificultad para entrar al club nocturno, iba como chico. El verdadero problema se presentó cuando en la UNESCO me vieron pelada al rape, debí mentir diciendo que bajo el tratamiento médico de la tiroides se contemplaba lo de raparme la cabeza, pues el pelo había empezado a caérseme a montones; lo creyeron a medias, dudosos; ellos siempre dudaban.

De día era una corriente muchacha cubana, de noche me transformaba en un joven sudamericano, argentino o chileno, que se esforzaba en ser admitido en la élite de *Les Bains Douches*.

De machito sudamericano nocturno no me fue tan mal, el tiempo que duró; y como en el *Uncle Charlie's* del *Village* en Manhattan años más tarde ligaba más de chico con chicos, que de chica con chicos. La cosa se complicaba a la hora de la verdad, cuando descubrían que no compaginaba con lo que aparentaba.

En *Les Bains Douches* bailé lo que más he bailado en toda mi vida. Conocí a grandes artistas que todavía entonces se buscaban la vida como podían en el ambiente del arte y la literatura, intentándolo a veces aterrados; aunque eso sí, con coraje y plenos de invención e imaginación.

LAS LIBRERÍAS, Y CIORAN POR TODAS PARTES

Hubo una época en que las librerías pululaban en cada barrio. Yo no salía de ellas, eran mi vicio, como tampoco salía de los cines; iba de unos en otros, también a los museos. El poco dinero que ganaba me lo gastaba en libros y películas en las salas de cine.

He conocido París a través de sus librerías y de sus cines, de sus escritores, artistas y museos, vivo con ese orgullo, con el sentimiento profundo de que al menos por ese lado he sido una privilegiada. Es la razón por la que creo que a nadie le ha dolido tanto el cierre de algunas librerías y salas de cines en esta ciudad como a mí, así como la desaparición de escritores y artistas a los que conocí, incluso brevemente, que se largaron decepcionados, o murieron ignorados.

Me fascinaba, y todavía es un gesto de encantamiento al cual recurro invariablemente con cierta ingenuidad, ese momento en que ponía y pongo un pie dentro de la librería y el aroma a libros invadía e invade mis pulmones.

Frecuentaba las librerías de la *rue Saint-André des Arts*, y *L'Écume des Jours* en el *Boulevard Saint-Germain*, entre otras; me emocionaba pasearme mientras bifurcaba los estantes, porque cuando no tenía dinero los libreros me permitían leer los libros, oculta, tirada en el suelo, siempre que no dañara las páginas.

Un atardecer me encontraba en una de esas librerías, más exactamente en la de la *rue Saint-André des Arts*, por azar descubrí un libro firmado por un autor cuyo nombre me resultó muy particular y preciso: Cioran, cuyo título era *Aveux et Anathèmes*. Quedé prendada del nombre del autor, todavía más que del título del volumen.

Frases cortas, aforismos, silogismos, ideas en forma de preceptos, justo lo que yo quizá sin darme cuenta andaba buscando, o sea necesitaba, una manera de penetrar el idioma a través de un autor emigrado o exiliado como yo; cuya lengua, ajena al francés, había mudado a este idioma, lo hablaba y lo escribía a la perfección. Además, siendo Cioran de origen rumano, ambas lenguas, el rumano y el español contienen bastantes similitudes, más o menos como el portugués y el italiano.

Tomé el libro, me dirigí hacia la caja para pagarlo, cuando me disponía a sacar el dinero del monedero el librero me comentó en un murmullo:

—Mire allí, tiene usted suerte, ahí está el autor —con un gesto disimulado de la mirada señaló hacia un punto varios estantes detrás de las mesas de exposición de las novedades de la entrada.

No pude contenerme, volví el rostro. Allí estaba Cioran, con su pelo *en bataille,* hirsuto, bastante despeinado, la mirada absorta en las páginas de un libro que hojeaba.

Quise llevarle su libro para que me lo dedicara una vez que ya era mío, pero en aquella época, además de tímida, me daba pavor que un escritor me preguntara algo importante y yo no supiera responder correctamente.

La imagen de Cioran, como sus libros leídos más tarde, me engatusaron, como me sedujo la imagen de Samuel Beckett en el Jardín de Luxemburgo después de haber devorado sus libros.

Con Cioran ocurrió de manera muy visual, primero el nombre escrito, luego el título, algunas frases descifradas mientras me hallaba en la librería; enseguida, chiripa o albur de la vida, misterio de la literatura, a través de las librerías y de sus libreros: su imagen viva y cercana, que se me ocurrió como la de un adolescente con su hermosa cabeza hundida en un libro.

A partir de aquel día no he cesado de leer a Cioran, de encontrarme sus libros en los lugares más inesperados de este planeta. Nada ha podido impedir que él se me aparezca de manera real o fantasmal lo mismo en librerías, bibliotecas, como en teatros, cines, y hasta en apariencia ¡en perfumerías!

SÍNDROME DE GNOSIS

Contrario a la opinión común actuábamos como espejos embrujados, como un doble maléfico arquitectónico de aquel edificio *art-nouveau* de la *Avenue Rapp*. Jugábamos a excitar a la inspiración, a ser ciudades a puertas abiertas. A que la inspiración nos condujera por escaleras infinitas hacia las alturas.

Me convertí en la chica traviesa enjaulada del *septième arrondissement*. Cuando me escapaba emprendía carreras, sudaba visiblemente al corretear como en una película de Truffaut por la *rue Saint-Dominique*.

Había devenido un deseo estilístico a fuerza de tartas de limón. Andaba a la caza de un maestro.

Correr por la calle cortada por la Torre Eiffel también significaba poseer una personalidad impetuosa, esquivar los reflejos soleados de los hierros, aislar un martillazo, evitar una pierna fracturada. Hojear una revista porno, y hacer uso de un consolador que después sería lanzado a despecho desde una buhardilla en el sexto piso.

Advertí mi estupidez mientras corría con dos cartas escondidas en la cuneta de mi vientre. Entre la mezclilla del jean y el ombligo iba el destino escrito a doble espacio en la *Brother's* de retroceso automático, la misma maquinita de tantos versos ridículos.

Bebí Martini, era de verdad inocente, por primera vez probaba el Martini. Yo era una jugada perfecta.

Afuera un hombre vestido con un impermeable a lo Pessoa hundía sus pies en la nevada más inquietante de mi vida. ¡Yo era de verdad tan inocente!

—¿Y qué estás haciendo ahora? —preguntaba muy refinada mi doble. La dueña de ciertos boleros ponía el dedo en la llaga.

En el centro del tablero danzaba una dama china como una perdida, para llegar primero que ninguna a la otra punta de la estrella donde se discutía mi destino.

Otro despreciable candor: vestía una chaqueta de cuero, llena de zíperes, espejuelos a lo Sting, boina y botas rojas. En el metro me gritaban de un andén a otro: «*Communiste! Communiste!*».

Quería diluirme en el tonto sueño de los tímidos, quería ser una estrella del *rock*. Yo era de verdad una estrella, y aquel sueño no era para nada tonto.

Celaba los libros de los otros. Era de verdad celosa. Y la espectacular ausencia de pudor era mi arma. Éramos espejos maldicientes, deseábamos adquirir el título de corrompidos en el *Tout Paris*. Había que mirarnos con amor, lo exigíamos a cualquier precio, de lo contrario nos matábamos bebiendo botellas de vino italiano.

El luminoso tejido abrió la gruta en el espacio justo, donde nunca debió hacerlo. Una frase de Cioran me perdía: *L'interminable est la spécialité des indécis.*

El telón se abría y descubría a la actriz mientras ensayaba murumacas, poco a poco, con gracia, con simple ardor, sin atropellos. Desde el público, un tal Emil la observaba meditativo.

Digo que el luminoso tejido colocó toda la paciencia, puso todo el encanto, e insisto en ello, sin aspavientos. *Gnosis*. ¡El conocimiento! Cioran, el transmisor…

Súbitamente, las panaderas de la *rue Saint Dominique* se mudaron a la *rue Gaité*. *Gnosis*. Alegría. Todavía entre mi ombligo y la mezclilla, el sudor corre hacia el olor.

Nada de nada. No pude evitar la nada.

Mientras más sabia más triste. ¿Por qué se van?

Aún no sabía que en una sala de cine de la *rue Gaité*, estuviera tal vez esperándome Emil.

MONTPARNASSE, PAN DE FRESAS

Me hallaba sentada en un *bistrot*, brillante como una correcta pistola de herir castaños en primavera parisina.

Tarareaba una canción de Jeanne Mas.

Cerré los ojos y me vi en un concierto, ya era una *rockera* de las que mueren jóvenes.

El mar no me hacía falta, era la reina del vídeo *clic*.

Era la reina, estaba sentada en un *bistrot*, bebiéndome un *kir royale*...

Tarareaba un lienzo de Sandro Chía.

Y me morí de un *flash*, como se muere una pistola después de haber herido a un castaño en una primavera parisina.

Sentada alrededor de la fuente de la Plaza de Trocadero presentí que alguien se me acercaba por detrás. Era él, Emil.

Cioran me besó en la frente, como quien sembraba magnolias en el propósito malsano de una pistola, en medio de una primavera parisina.

REFERENTE A DURERO

En un museo parisino descubrí a Albert Durero, y el deseo cilíndrico del rinoceronte. Llevaba habichuelas como cabellos y debía hacerme un examen, de esos vedados de salud. A veces me sentía como un puñado de higos almibarados dentro de una canasta. Me puse a estudiar entonces el deseo atornillador del rinoceronte dibujado por Durero, y el colmillo… Ese colmillo que es como una prueba mecánica, un mensaje estético.

Aprendí a derivar anhelos, el próximo fue delicado y se acomodó entre mis senos, mientras dormitaba en un banco del *Jardín de Luxemburgo*, después de haber leído la introducción de un libro de Cioran.

Soñé con una pezuña, presunta e indiscreta, del rinoceronte, que agazapado babeaba cloroformo; yo estaba en apariencia sentada en la silla de un dentista.

Las grúas a los lejos triunfaban en sus papeles de viudas, sostenían pesos muertos hasta el fin de las construcciones, y la grúa de súbito hablaba, ¡y se preguntaba!

—¿Para qué existe el rinoceronte con el taladro en erección?

El mendigo escarba en el basurero, lleva otro diente en la frente que lo define como inequívoco unicornio, como propenso a la ausencia, a las broncas astrológicas, que dejan la fanática angina de pecho (soy asmática) en el agujero donde habitó la flema.

Pero la grúa es intolerante y repulsiva en su papel de ser viviente, alguien le dispara con una espingarda.

El deseo geométrico del rinoceronte. Durero me convirtió en una poeta hermética. El rinoceronte sumergido en el lodo; esperaba a una haitiana. Los veterinarios le inyectaron en vena anabólicos morales.

Prosaica inquietud del nunca vendrá ese beso. Cioran es el Durero de la filosofía perdido en un museo parisino, o en el museo de mi memoria.

CIORAN Y COLETTE

Mentones para Colette… En el *ring* se desfiguran dos jóvenes hermosos y ella es una mujer de pies europeos. Hoy solo existe un cielo de espumosos puñetazos, de cínicas iluminaciones.

Ella alquilará un traje para la consulta del ginecólogo con el *Docteur Horyn*, en el *Boulevard Henri IV*; sabuesa soportará la inyección de *coñac*.

Desde el *ring* los boxeadores la contagiaron con el irritado ballet de sus tobillos. Uno de ellos se parece terriblemente a Cioran…

Sublévate, Cioran, porque ella huele a desolladas fresas anegada en tendones. Ella esculpe en mermelada, insolente, y suda, y al recuerdo le viene el recuerdo de unos testículos sobre el acantilado del *bidet*.

Pasta dental, pomada china untada en los glúteos. Ella se pone los lentes, ellos, amoratados, exteriorizan una idea de la virginidad. Después de los ungüentos tendrán un minúsculo vahído, y entonces, seductores, eyacularán linimento.

La escritora del turbante enciende el túnel con las resbalosas camisetas, hasta cuenta los vómitos de sangre como ráfagas de merengue sobre una panetela muy fina. Ella es marítimamente europea, para los espectadores esto no es más que un episodio intrascendente, pero para la escritora, tan melancólica, deberá convertirlo en extravagancia.

Cioran percibe a Colette entre el público, desde el *ring*, allí donde con otro joven tratan ambos de matarse.

En el pugilato se matan dos jóvenes hermosos, y esa escritora exhibe la tersura de sus pies. El boxeo es otro *show* para diosas mitómanas.

LA DUDA

Mientras vivía allá en la Isla del Espanto me preguntaba a diario si habiendo nacido allí me encontraba en el sitio adecuado, la duda me taladraba de manera recurrente los sesos. Aquel era mi país, pero mientras yo amaba a mi país, los gobernantes de esa isla demostraban con mayor intensidad su odio por personas como yo, amantes de la libertad.

Caminaba por París y ese pensamiento no me abandonaba, surgía la pregunta: ¿por qué me siento mejor aquí que allá? Quizás porque como he dicho otras veces en esta ciudad aprendí la libertad, su verdadero sentido.

Irremediablemente también me preguntaba si Cioran se habría sentido igual que yo, si dudaba cada vez más de todo, hasta de sí mismo, y había hecho de esa duda el sentido de su obra; francamente, nunca lo he tenido claro, porque en su obra no hay respuestas, más bien dudas, preguntas.

Cuando escribí mi novela *La nada cotidiana* eché mano de una frase de Cioran y la usé de exergo. Si la idea del título y de toda la obra me la dieron las lecturas de Samuel Beckett y mi encuentro con él en el *Jardín de Luxembourg*, la frase de Cioran me brindó una increíble e inesperada seguridad, como una especie de reafirmación individual.

Al escribir esa frase sabía que, reproduciéndola como exergo en esa página, ya yo estaba fugándome hacia un camino de mayor transparencia, hacia mis ideas y sobre todo hacia mis dudas. Dudar es lo que provoca siempre mayor libertad, porque es el paso definitivo hacia el conocimiento.

Pour quoi quelque chose plutôt que rien? ¿Por qué algo antes que nada, se preguntaba Cioran en la frase en cuestión.

Sí, Cioran reafirmó que existir es un desgarramiento. La verdadera ecuación reside en resistir. Resistir, sin embargo, rara vez admite la duda como acomodo.

Aprendí a analizar, a complicar mis pensamientos, en París, después de leer a Cioran. Con Rabelais aprendí a reírme.

BARBÈS, TATI, GUERRISOLD Y RON CUBANO

Con la mierda que me pagaban y haciendo uso privilegiado de la suma en cines, museos y libros, debía comprar mis ropas en las tiendas más baratas de París. Esas *boutiques* quedaban en *Barbès Rochechouart*, y me refiero a Tati y los Guerrisold, que ya he explicado antes que eran lugares donde los árabes vendían ropas de muertos, y todavía en aquella época se encontraban prendas de una cierta calidad por precios irrisorios; en esos lugares completé mi ajuar cotidiano, bastante raro y *punk*.

El dinero no me alcanzaba para nada, además de que pagaban muy poco, París era entonces, en comparación, la capital más cara del mundo, aun cuando hoy comparada con lo que fue en aquella época se excede a sí misma. Me preguntaba siempre cómo haría Cioran para pagarse sus gastos, al vivir de escribir silogismos y aforismos. Bueno, yo me mantenía de recortar periódicos en una oficina inmunda, y de escribir poemas que no ahora, aunque no exageremos, mientras los escribía me avergonzaban, porque como habrán podido comprobar anhelaba alcanzar un hermetismo a lo Henri Michaux, y el hambre no me lo permitía; solo me salía un trabalenguas bastante isleño y provinciano.

Debía resolver el problema de la carencia de dinero. Andaba rompiéndome el *moroco* (la cabeza en argot cubano) en ver cómo solucionarlo, cuando un amigo me preguntó si me interesaba ganarme unos francos de más vendiendo el ron cubano que llegaba a la oficina de la UNASCO en lugares como Barbès.

—¿Estás loco? En Barbès hay mucho musulmán, no beben por la religión —respondí con una ingenuidad de la que él se encargó de sacarme de inmediato.

—Esos musulmanes de Barbès son tremendos borrachos, si me acompañas tendremos éxito.

¿Cuál sería mi papel en todo esto? Debía pararme en las esquinas, vestida de manera bastante provocadora, en aquella época no existía la problemática del velo ni su *comepingancia* extremista, y hasta en la televisión se había hecho famoso un programa titulado *Cocoricococoboy*, conducido por Stéphane Collaro, donde la *troupe* de las *Coco-girls* cantaban y bailaban con los pechos descubiertos, las tetas al aire, algo imposible en la actualidad, cuando el puritanismo musulungo y politiquero ha vencido a la belleza y el arte.

Vestida, o desvestida, de tal modo, medio encuera, debía atraer a los bebedores, a los musulmanes beodos, al automóvil de Heriberto donde se hallaban ocultas en el maletero las cajas de ron, y a veces también los tabacos de calidad traídos desde la isla para comprar y chantajear a los políticos fumadores franceses.

Hicimos un buen billete en aquel mercado negro que enseguida tuvo tremendo éxito. Todo Barbès nos buscaba para comprarnos ron y tabaco cubanos. Tal éxito tuvimos que nos empezó a invadir el miedo de que nos hiciéramos tan famosos que en la UNASCO se enteraran y nos devolvieran enyesados a la Isla del Espanto; enyesados era como mandaban a los que se negaban a regresar después de un largo período en Francia.

Decidimos abandonar el negocio por un tiempo. Envié dinero a mi madre, presté sumas a unos amigos que nunca me las devolvieron, y me sobró para cumplir un viejo sueño: el de entrar en un *peep-show* pero desde el lado del hombre, como oculta espectadora. Me puse de acuerdo con un árabe que manejaba uno de esos sitios cercanos a *Le Moulin-Rouge*, el hombre, Omar, me dejó entrar cobrándome de más y siempre que fuera disfrazada de hombre, aquel día me vestí con un traje vaporoso de oficinista prestado por Heriberto.

Por aquella época se había estrenado la película *Paris-Texas*, en la que actuaba en el rol protagónico una espléndida Nastassja Kinski, cuya trama tenía que ver con el trabajo de esta mujer, que había abandonado a su marido para terminar trabajando en un *peep-show*.

Estaba muy sensibilizada con la película, pero una vez allí rompí en llanto, frente a aquella joven que sin saber quién verdaderamente se ocultaba detrás de una ventana de cristal opaco, bailó para mí, se desnudó y se masturbó, con la intención de dar placer al hombre que yo no era.

Como experiencia fue extraordinario, impactante, salí de allí con ganas de comerme el mundo. No juzgué, porque yo desde entonces había aprendido a no juzgar a nadie por las decisiones que tomaba según sus necesidades. ¿Yo? Solo anhelaba devorarme el universo.

Sin embargo, el cargo de conciencia de haber gastado dinero en aquel espectáculo, en lugar de haber buscado a Cioran en alguna librería y haberle regalado el dinero invertido, me persiguió durante bastante tiempo.

LA HISTORIA INTERMINABLE, EL *SEX SHOP* DE MONTPARNASSE Y EL POETA DE ALCURNIA

El Gran Poeta Cubano Pelirrojo de Alcurnia pasó por París, entonces me invitó al estreno de la película *La historia interminable,* basada en el libro de Michael Ende, que ambos habíamos leído y amado profundamente. Nos dimos cita en el cine *Les 7 Parnassiens*, en Montparnasse. La película nos defraudó, nos incomodó. Para resarcirnos del disgusto decidimos visitar una tienda que quedaba justo al lado de la salida trasera del cine.

El *sex shop* estaba concurrido, como si todos los disgustados por la película hubieran ido a parar allí. La única mujer era yo. Antes de entrar, el Gran Poeta Cubano Pelirrojo de Alcurnia quiso prevenirme e intentó que me quedara esperándolo en el exterior. Respondí que de ninguna manera, y entré con él. Todas las miradas de los depravados se voltearon hacia mí, otra depravada; pero al rato siguieron con lo suyo: algunos observaban afanados en elegir entre un clítoris morado de goma o un pene rosado de cuerda que daba saltitos.

El Gran Poeta Cubano Pelirrojo de Alcurnia compró desodorantes vaginales con sabores a fresa, menta y malvarrosa, además de varios anillos vibradores que una vez injertados en el pene vibraban y volvían locas a las mujeres, según me explicó mientras los escogía.

Preguntó con ansiedad si yo había probado todo aquello. No, contesté, para mí toda esa juguetería era nueva. En la época solo me excitaba hasta el orgasmo leyendo a Cioran. El Gran Poeta soltó una estruendosa carcajada.

—Te haré cambiar de parecer, ya lo verás, modificarás ese punto de vista —me miró hondo, como nunca antes ningún poeta ni nadie lo había hecho.

—Lo dudo. ¿Cómo lo lograrás? Demuéstramelo... —por aquellos años era una tímida atrevida, una equilibrista entre esos dos abismos tan simples como el sí y el no. Cuando decía no, era sí, y a la inversa en no pocas ocasiones.

—¿Ahora mismo? —inquirió con una sonrisa elegante, olorosa (siempre masticaba *chewing-guns* de menta verde, los había también en azul).

Asentí. Me tomó de la mano, pagó las chucherías, y siempre de la mano me condujo a un callejón oscuro, escondidos detrás de un portón empujó suavemente con su cuerpo al mío hacia la pared; pegó su rostro al mío. Besó mis labios con un beso esmerado, dulce, con los ojos cerrados; los míos medio abiertos.

Introdujo su mano entre las medias largas, y cuando reparó en que yo llevaba *blúmer*, musitó, encendido de ira:

—¡Niña, no te pongas pantaletas debajo de las medias negras, nunca...!

Rajó el *blúmer* por una de las costuras y de un tirón lo sacó de mi cuerpo, se lo guardó en uno de los bolsillos del impermeable:

—¿Qué haces? —pregunté inquieta, con la voz entrecortada por un suspiro.

—Quiero vivir oliéndote, quiero morir oliéndote.

Nos olvidamos de Michael Ende y de su historia interminable. No necesitamos ninguno de los juguetes del *sex shop* para convencernos de que estábamos hechos el uno para el otro, nos sobraba morbosidad.

Mientras regresábamos a casa, W. El Rojo iba recitándome los más bellos aforismos de Cioran.

LOS CINES DE LA RUE GAITÉ

Cuando el Gran Poeta Cubano Pelirrojo de Alcurnia regresó a la isla creí que me iba a morir de amor. Debido a su ausencia un dolor profundo que nacía en el corazón en forma de latido se agudizó y se instaló como pulso que recorría mi cuerpo en forma de rayo lacerante y sucumbía en mi sexo, un latido seco y cerrado.

Empecé a recorrer las calles de Montparnasse en su honor, evocaba su presencia como si marchara a mi lado; a veces, sentada en un café le escribía largas cartas, que él siempre respondió como el gran caballero que fue, sin mencionar nuestro atribulado amor.

Ocurrió mientras deambulaba de arriba hacia abajo por la *rue Gaité* que descubrí los cines de la rue Gaité. Rectifico, los cines porno de la *rue Gaité*. Entonces, también para honrar de alguna forma su ausencia, empecé a frecuentar en solitario aquellas salas pestilentes; aunque acompañada de los sonoros espasmos de orgasmos de los hombres que allí se daban cita a través de la pantalla con las actrices más famosas del porno de la época.

Para mi asombro, los cines porno de la *rue Gaité* eran bastante concurridos. Si quería asistir a ellos debía hacer uso de uno de mis disfraces varoniles, pues hubiera sido muy arriesgado el entrar vestida como lo que era: una muchacha habanera todavía bastante crédula y trémula.

No recuerdo cuántas películas vi en aquellos cines, eran películas porno de una cierta calidad. Las actrices eran verdaderas estrellas del género, igual los actores. No recuerdo haberme excitado con ninguna. Con las primeras sentí bastante miedo y estupor; con el resto, después de haberme adaptado a que los escenarios variaban poco, me dediqué a estudiar el entorno.

Una vez que mis pupilas se acostumbraron a la penumbra de la sala de cine podía observar de reojo y hasta estudiar las siluetas y perfiles de los hombres (solo público masculino), que allí asistía en las tandas diurnas. Un público recurrente, con o sin sombreros, con impermeables un día, con abrigos largos otro; chaquetas de cuero al estilo *Perfecto* curiosamente no atisbé muchas. Los impermeables y los largos abrigos permitían la masturbación sin que fueran descubiertos del todo. Aunque debido al remeneo y temblor evidente de sus cuerpos con relación a las escenas fogosas en la pantalla podía adivinar lo que sucedería. De vez en cuando suspiros, o un grito sordo que se escapaba sin remedio, animaban todo un lunetario.

Lo cierto es que me aburrí muy rápido de aquel espectáculo reiterativo, porque además no tenía con quien compartir mis aventuras cinematográficas licenciosas, no podía contárselas a nadie pues arriesgaba demasiado, lo principal: mi estancia en Francia.

Tras salir de los cines porno de la *rue Gaité* caminaba a todo lo largo de la *rue de Rennes* hasta la librería *La Hune*, donde muchos años más tarde, quién lo iría a saber, ni siquiera a adivinar, las libreras montaron una vitrina con mis libros publicados en Francia.

En una de aquellas ocasiones al entrar, me crucé con Cioran, casi tropezamos, nariz con nariz. Era menos atractivo de lo que imaginaba, pero de solo verlo tan de cerca todo mi cuerpo tembló por dentro. Tampoco esa vez osé hablarle, al rato hui de la librería llevando otro de sus libros.

PROUST Y LAS FIEBRES

Leí *En busca del tiempo perdido* de Marcel Proust siendo muy joven, en La Habana; los siete tomos habían pertenecido al gran escritor José Lezama Lima, de modo que leí a Proust al mismo tiempo que leía los subrayados y comentarios escritos con tinta verde del autor de *Paradiso*.

Empecé a leer a Proust y desde los primeros días caí como en una especie de extraño sopor. La traducción al español de aquella edición era magnífica —según me comentaron los que podían leer en ambos idiomas—; y la edición, algo vetusta, olía a ese polvo del saber que el tiempo siembra o incrusta en el papel.

Un mes entero de lectura me sumió en unas fiebres intensas. No podía levantarme de la cama, tampoco deseaba dejar de leer. Solo cuando terminé la lectura entera de *En busca del tiempo perdido*, pasadas unas horas, las fiebres atenuaron.

En París, una tarde, me sentí preparada para leer a Proust en francés. Había podido con Charles Baudelaire, Paul Valéry, Arthur Rimbaud, Stéphane Mallarmé y con Isidore Lucien Ducasse, el Conde de Lautréamont, ¿cómo no iba a seguir con otros autores…? Necesitaba entonces comprobar que había ampliado mis conocimientos de francés disponiéndome a leer a Marcel Proust sin la ayuda del diccionario.

Una amiga me regaló los volúmenes de *En busca del tiempo perdido* en edición de bolsillo. Me sentí tan feliz al tener semejante plan de lectura por delante que no esperé demasiado. Y, allá fui, absolutamente entregada, y de antemano vencida por el peso de la obra...

Normalmente leía en todas partes, pero a Proust no se le puede leer en cualquier sitio.

Salí de la oficina en la UNASCO, corrí y llegué a la *mansarde*; me tiré en el sofá con el primer tomo entre las manos: *Du côté de chez Swann*.

Esa noche no cené, no dormí, la alta temperatura y el sopor empezaron a apoderarse de mi cuerpo. Pero mientras más febril, más presentía que no debía abandonar la lectura.

Enfermé con deseo, con paciencia, con consciencia. La lectura duró más de un mes. De hecho, ha durado todo el resto de mi vida.

La Habana no fue la misma después de leer a Marcel Proust traducido al español.

París no puede ser nunca más París después de poseer la certeza de que se ha conseguido leer a Marcel Proust en francés.

Ni siquiera las memorias —en apariencia ligeras— de Celeste Albaret, su mucama, consiguieron aliviarme del efecto voluptuoso y benefactor de la escritura de Proust.

FLAUBERT Y EL 9 BOULEVARD BOURDON

La lectura intensa de *Bouvard et Pécuchet* de Gustave Flaubert me condujo al *Boulevard Bourdon*, junto al banco (de los tantos que hay) en el que se me ocurrió a mí que justo empezaba la novela: «*Comme il faisait une chaleur de 33 degrés, le boulevard Bourdon se trouvait absolument désert*».

Tampoco podía imaginar que décadas más tarde viviría precisamente en el 9 *Boulevard Bourdon*, durante más de 30 años.

Sentada en aquel banco inicié la lectura de uno de los libros de la obra del autor de *Madame Bovary* y *La educación sentimental*: *Bouvard et Pécuchet*, que como con *Papa Goriot* de Honoré de Balzac se me ocurrió una novela sobre la economía, todavía no entendí verdaderamente por qué esa fue mi primera impresión, que me duró bastante tiempo. Hoy la veo como una novela filosófica. Pensándolo bien, ¿qué novela no lo es? La novela es todo y más; ese más inextricable.

Imposible contar las veces que he caminado por el *Boulevard Bourdon* con la cabeza repleta de ideas de novelas y poemas.

Nadie sabe lo que he vivido en el apartamento del cuarto piso del 9 *Boulevard Bourdon*, lo que he reído y lo que he llorado, lo que he leído, y lo que he bailado… aunque a veces sola. Muy sola.

Sentía una gran seguridad por vivir en el *Boulevard Bourdon*. Saber que podía desplazarme a cualquier punto de la ciudad y volver allí, a mi nido, a mi refugio, a mi hija, a mi madre, como al útero materno, me hacía sentir invencible.

Después ya no. Ya no. Nunca.

RUE BEAUTREILLIS
Y LA *GARDE RÉPUBLICAINE*

Cioran no dejó de obsesionarme, al contrario, lo leía y releía, pero como no publicaba de manera tan seguida, dedicaba mis días a leer a los clásicos franceses.

En una librería de viejos de la *rue Beautreillis* encontré una bella edición de *Gargantúa y Pantagruel* de François Rabelais, lo compré por una módica suma.

Iba muy feliz y entretenida, leer a Rabelais siempre me ha dado mucha alegría, cuando entonces descubrí que detrás de mí, a paso cadencioso, avanzaban unos hermosos caballos con unos jinetes todavía más atractivos. El acompasado sonido de los cascos sobre el asfalto de los caballos surtió el efecto de un raro embrujo en mí. Me aparté, admirada ante ellos.

Observé los edificios, algunos del siglo IX, y me dije que me habría gustado vivir entre aquellas vetustas paredes, en su antigüedad. El *Marais* siempre me ha recordado mi Habana Vieja.

Los caballos iban soltando cagarrutas y cagajones que ellos mismos pisoteaban a su paso, el olor a excremento colmó la calle surcada al fondo por un arcoíris.

La *Garde Républicaine* tiene su cuartel no lejos, en el *Boulevard Henri IV*, antiguo cuartel de los mosqueteros. Recordé que cuando leí *Los tres mosqueteros* de Alexandre Dumas yo quería ser el quinto, dado que en lugar de tres fueron cuatro; entonces era una adolescente y apenas podía imaginarme cómo sería la ciudad de París, la *Lutétia* de mis sueños.

Como todo lo que a veces se da cuando uno lo desea fuertemente, también viví en el 10 de la *rue* Beautreillis, aunque un tiempo más tarde a aquel primer recorrido de iniciada. Me enteraría entonces que Cézanne alquilaba en aquella calle y allí pintaba en su *atelier*, y que Jim Morrison también vivió y murió en el número 13, su balcón siempre está sembrado con flores que desbordan la baranda.

Dediqué varias novelas y cuentos al antiguo Hotel de Mónaco, que hace esquina con la *rue Charles V*, cuya entrada es por el número 10 de la *rue Beautreillis*, como ya dije, donde fui sumamente feliz, porque allí empecé a comprender el verdadero sentido de la palabra libertad con todos sus derechos y deberes.

Caminar por París es, si se dan cuenta, como pasearse entre los capítulos de las novelas y las páginas de los clásicos que hemos leído.

Solo París certifica la importancia de poseer una profunda y sólida cultura, cuando se ha leído lo suficiente para que la vida sea como una extensa saga imaginaria y literaria sin fin.

DESOBEDIENCIA Y HAMBRE

En la angosta oficina de paredes modulables de la UNASCO en la que me tocaba trabajar habían colgado en la pared frente a mí de modo que casi podía olerle la halitosis un retrato descomunal de Fidel Castro mientras arengaba en uno de sus interminables discursos; no solo a mí me molestaba ese retrato, todo el que llegaba a la oficina, desde el cartero hasta cualquier representante de otra delegación, hacía un gesto de rechazo mientras señalaba al cuadro. Detrás de un armario encontré un grabado de una de esas espantosas palomas de la paz de Picasso, y me dije que de cualquier modo era mejor el horrendo pajarraco del genio malagueño que enfrentar la ira perenne de Bola de Churre.

Entonces, sin pedir permiso, craso error, descolgué al monstruo para colgar al avechucho. No había terminado de respirar aliviada, que ya tenía a la Agregada Política junto a mí pidiéndome que le hiciera un café. Le pregunté si ella no tenía manos igual que yo para hacérselo, entonces fue cuando respondió mientras contemplaba con aire guerrero al pájaro de la paz devenido enseguida en el de la discordia:

—¿Quién te dio permiso para quitar de ahí al Comandante y poner ese garabato? —esta gente siempre ha tenido problemas con los pájaros, me dije, al menos coincidíamos en lo de garabato.

—Nadie, yo misma lo hice —espeté sin mirarla.

Para qué fue aquello. La mujer corrió a su vasto despacho, empezó a hacer llamadas telefónicas, y como una loca se dedicó a exigir como mínimo que se me hiciera un juicio público; aunque cualquiera que la hubiera oído habría podido pensar que le andaba declarando la guerra a Estados Unidos, lo que hacía el propio Castro a diario.

No dije nada, pero me esperaba lo peor. En efecto, lo peor llegó.

Me castigaron durante tres meses a trabajar en los sótanos de la embajada castrista como una esclava, y hasta me retiraron el ya de por sí mísero salario.

Debía cargar y mover de un lado a otro cajas inmensas, muy pesadas, en medio de una oscuridad y un frío pavorosos; a veces a medio iluminar, cuando deseaban parecer amables volvían a conectar la electricidad. No me daban de comer, ni permiso para salir a comer, aunque si me lo hubieran dado tampoco tenía dinero para comprar comida. Al menos podía regresar cada día a mi casa.

Pasé hambre, y sentí ganas de robarme un arma del guardia de seguridad y matarlos a todos, pero el mero hecho de salir a caminar por París, de robar la sobra que dejaban en los restaurantes antes de que los camareros las retiraran de los platos en las mesas de los comensales, el mero hecho de sentirme libre en París, impidió que cometiera la más grave de las locuras. Otra vez París me salvaba la vida.

LA BANDA SONORA DE LA CIUDAD

La primera canción que comprendí bien en francés la interpretaba Yves Montand, de ahí pasé a Edith Piaf. Cada día buscaba en los casetes antiguos a buen precio las voces clásicas de la *variété française*... Lo mismo iba y tarareaba a Tino Rossi que a Fréhel, imitaba su voz nasal. Con Fréhel perfeccioné bastante el idioma pese al ruido como de fritura de las viejas grabaciones.

De ahí salté a Françoise Hardy. Alguien me regaló uno de sus discos diciéndome que le encontraba algún parecido con la joven que fui. Françoise Hardy me permitió contemplar París con una armonía nunca imaginada...

Al final pude entrar en el mundo de Serge Gainsbourg, y no a través de su música, sino de su novela *Evguéniv Sokolov*, entonces otro amigo me preguntó si conocía la obra musical de Gainsbourg. No la conocía, cuando descubrí ese mundo pleno de audacias lingüísticas y de melodías sensuales muy a lo francés pude entender mejor los vericuetos de las sensaciones de esta ciudad que entonces todavía aspiraba a la universalidad y ocupaba un sitio importante en la vanguardia por encima de Nueva York y de Berlín.

Cuando posteriormente trabajé en la filmación de la película *Quartier Nègre* (1990) dirigida por el gran Pierre Koralnik, basada en la novela de Georges Simenon con escenario adaptado de Pierre Bourgeade, filmada en La Habana, me hice muy amiga del realizador y de su esposa. Pierre me contó de su amistad con Gainsbourg, y me dijo que Serge ya estaba bastante enfermo. Había escrito unos poemas de juventud dedicados a Serge, se los di a Pierre, al regreso a Europa él se los entregó en el hospital, al menos eso fue lo que me escribió desde Suiza.

Henry Salvador fue otro con el que aprendí mucho de la gracia musical del *show* a lo parisino. Me hacía reír y luego llorar porque oírle cantar me recordaba, no sé por qué, la campiña cubana.

Pasear por París con todas esas melodías en la cabeza hizo hasta que creyera que de verdad yo pertenecía a este mundo.

JACQUES

Caminaba con paso rápido desde el *Marais* hasta el Pont Neuf, pensaba en Jacques, mi amigo *chef de cuisine* que vivía en el Harlem Hispano de Nueva York; hacía tiempo que no tenía noticias suyas. Jacques y yo mantuvimos una relación apasionada, dada la imposibilidad de llegar a algo definitivo debido a las enormes distancias, terminamos mediante breves silencios. Amándonos en la distancia, bajo prudencia.

Caminaba e invocaba escenas divertidas vividas con Jacques, evoqué también partes de su cuerpo, sus manos, sus labios, sus ojos grises, su melena lacia y negra como el azabache.

Recordé que había sido asaltado y agredido cuando regresaba del *Priscilla Delicatessen* a su casa, que el agresor le había asestado varias puñaladas en la cabeza para robarle unas botas Jean-Paul Gaultier, y lo dejó medio muerto; no pudo sacarle las botas.

Detenida en el semáforo del Pont Neuf para atravesar el puente e ir de la *rive droite* a la *rive gauche,* absorta en mis pensamientos, observé los pies del resto de los transeúntes que esperaban también al igual que yo el cambio de foco; me fascina estudiar las pisadas de las personas, no los zapatos, sino cómo pisan el asfalto con sus pies calzados.

De súbito, reparé en unas botas Jean-Paul Gaultier, idénticas a las que me había descrito Jacques a través del teléfono y que, pese a las puñaladas, no le pudieron descalzar porque no solo las llevaba bien amarradas, además un tendero chino salió de su negocio blandiendo una catana, amenazó al ladrón que huyó a toda carrera; fue el chinito quien llamó a las Urgencias.

Mientras miraba las botas del hombre que estaba justo delante de mí, me dije, vaya, qué casualidad, unas botas como las de Jacques. No sé si hablé en voz alta, no recuerdo, pero (no sabemos ni él ni yo cómo) el hombre se volvió, levanté los ojos, ¡y ahí estaba Jacques!

—¡Jacques, tú en París! —exclamé sorprendida.

—¡Acabo de llegar, me dirigía al hotel, e iba a salir a buscarte para darte la sorpresa! —Jacques me observaba consternado, y yo a él.

Reaccionamos por fin, nos fundimos en un abrazo. Lo acompañé a su hotel, cerca de *Notre Dame*, luego me dirigí a mi trabajo, no sin antes quedar con él para vernos aquella noche.

En la noche decidimos ir a un cine a ver una película de Peter Greenaway, de ahí regresamos al *Marais* para cenar. Cenamos algo ligero. Paseamos hasta muy tarde a lo largo de la *rue Francbourgeois*, tomados de las manos, aunque como buenos amigos.

No nos abandonamos durante días, conversamos, nos comportábamos exclusivamente casi como hermanos, aunque deseándonos con un extraño y contenido ardor.

Entonces, una tarde, al borde del Sena, me besó en los labios con un beso largo y tierno.

Nueva York nos entregó deseosos uno al otro, París nos devolvía la magia del amor. De cualquier modo, París es este sitio que permite recuperar todo lo que habíamos perdido, la libertad y, ¡siempre el amor, el gran beso soñado!

AEROPUERTOS

Desde La Habana viajé definitivamente a París, desde París he viajado al mundo entero.

No sé cómo será un día regresar a La Habana, pero sí sé que cuando el avión proveniente de cualquier lugar aterriza en la pista de uno de los aeropuertos parisinos, siento un alivio muy agradable, entonces me digo: he vuelto a casa.

Es tan importante para un exiliado poder decirse «he vuelto a casa», confirmar que, en un punto de la ciudad, los míos, mi hogar, me están esperando... Cuando eso se pierde el desarraigo se agudiza, y duele como una maldita enfermedad.

No imagino cómo será volver a Cuba si algún día vuelvo, pero puedo asegurar que regresar a Francia desde cualquier sitio, específicamente a París, me produce un inmenso sentimiento de seguridad, sin dejar de ser consciente que ese sentimiento vibra en un hilo, que puede romperse en cualquier momento.

Volver a París es regresar a mi hija y a mi gata Sócrata, a los brazos del hombre que me espera; puede ser un hombre real, o Cioran desde las páginas de sus libros, o Samuel Beckett desde los persistentes e imborrables recuerdos.

SAMUEL BECKETT

En ocasiones anteriores he contado mi encuentro con Samuel Beckett en el *Jardín de Luxemburgo*, como en mi libro *La intensa vida*, sin embargo, allí como en otros artículos, solo detallé el encuentro, ahora quisiera detenerme en su imponente rostro.

Mientras observo fotos del escritor irlandés en algunas revistas, me digo que su belleza solo es comparable a su melancólica inteligencia. Pasa igual que con Clint Eastwood, mientras más viejos y sabios, más bellos. Quizás sea porque vivieron una época en la que la sabiduría embellecía a las personas.

Aunque en verdad, Beckett resultaba más imponente visto de frente, su rostro era como un mapa de un país imaginario, pleno de arrugas como ríos, el mar en su mirada. Una mirada que se depositaba en uno con calma, con una tranquilidad que reconocía a quien contemplaba.

Leí la obra de Samuel Beckett entre La Habana y París, de modo que debí leer de nuevo los libros que había leído en La Habana para poder pasarlos por el tamiz de París.

Leer en París significa mucho para mí, París es una gran universidad, la universidad en la que uno se gradúa a través de las lecturas, de las librerías, de los museos, de la calle, de los hoteles, de la gente, viva donde se viva, el barrio no importa; porque París, como en aquel diálogo memorable de la película Casablanca, siempre será París. Como para mí Samuel Beckett siempre será Samuel Beckett en el *Jardín de Luxemburgo*, releído en esta ciudad eminentemente gris como sus pupilas.

El pelo hirsuto, en eso algo parecido a Cioran, la frente y la nariz como protuberancias indescifrables, unos labios varoniles que sostienen el cigarro, y la sonrisa, esa sonrisa amplia y serena, que se aprecia como un regalo divino. Pómulos que le hacían parecer a un dibujo de Egon Schiele, pómulos que destacaban algunos hundimientos en las mejillas y marcaban una probable tristeza velada.

De los hombres más atractivos que esta ciudad me hizo descubrir está Samuel Beckett, también de los más brillantes y silenciosos. De una inteligencia sin estridencias, de las que valen también por su ausencia de hipocresía.

Otro día contaré de las manos de Samuel Beckett, las manos más sensuales de la literatura, solo similares a las de José Martí, que como esas no hay.

LA MILAGROSA DE LA RUE DU BAC

Amé *Notre Dame* antes de entrar en ella, gracias a la lectura de Victor Hugo; sin embargo, no conocía la capilla de Nuestra Señora de La Medalla de la Milagrosa en la *rue du Bac*, aunque también siento un amor desmedido y merecido por ese santuario.

Me acerqué allí porque al pasar de forma azarosa por delante de la puerta observé a una cantidad respetable de personas muy alegres que hablaban en español y que se disponían a entrar en ese lugar sagrado.

La capilla es pequeña, pero se advierte en su interior un ambiente enternecedor y estremecedor de recogimiento espiritual; los cubanos de París acuden a ella a rogar por su tierra, soy una de ellas.

También arrodillada en uno de sus bancos recé por mi madre cuando enfermó, por mi mejor amigo, por el hermano de una amiga, y, reitero, por Cuba.

La monja Catherine Labouré nació el 2 de mayo de 1806, yo también nací el 2 de mayo, pero de 1959. Nació llamándose Zoé, y a mí me bautizaron también como a ella, pero como Zoé Milagros, por la Milagrosa, de ahí mi devoción por esta virgen cuyos rayos me han amparado siempre.

Zoé Catherine Labouré fue muy devota de la Virgen María, sueños y apariciones de la Virgen María durante su adolescencia y juventud confirmaron su intensa adoración.

La medalla de La Milagrosa, bendecida por ella, protege a quien la lleve consigo.

Su cuerpo mostrado en una urna de cristal en la iglesia de la *rue du Bac* me recuerda al de Santa Flora en la Iglesia de La Merced, donde tomé la primera comunión, en La Habana Vieja.

El santuario de la *rue du Bac* es un sitio bendecido por la compasión, también evoca, por lo imponente, al santuario de Harissa en El Líbano. Allí podrán encontrarme alguna vez, allí oré por Notre Dame cuando ardió, y sus llamas me atravesaron de tristeza el alma.

28 RUE RIVOLÍ

El hombre más grande de Cuba, el más universal, José Martí, vivió unos días durante su juventud en el 28 *rue Rivolí*, cuando viajó a esta ciudad en diciembre de 1874.

Imagino que subió de dos en dos los peldaños del edificio situado en el 28 *rue* Rivoli; iba pisándole los talones a la guardiana del inmueble quien, para ser una anciana encorvada por el rudo trabajo de limpiar y cuidar varios edificios del barrio, subía y trepaba las escaleras a una velocidad considerable.

Apretaba por el asa la mediana maleta de cuero en la mano izquierda. La mujer, siempre delante, por fin se detuvo en el pequeño zaguán del sexto piso, el último, el destinado a las *chambres de bonnes*, o cuartos de criadas; respiró hondo, tosió varias veces, retomó fuerzas y avanzó por el estrecho pasillo hacia la izquierda. Detenida delante de la tercera puerta a la derecha buscó en el bolsillo del impoluto delantal, extrajo un aro de metal cargado de llaves. Abrió la puerta y lo dejó pasar a él primero:

—*Voici votre chambre, Monsieur Martí, elle a l'air confortable n'est-ce pas*? —sonrió mientras le tendía la llave, que había pasado del aro a un llavero en forma de pata de conejo.

Él tomó entre las manos el curioso llavero, observándolo.

—Es una pata de conejo, *Monsieur* Martí, un amuleto que le traerá suerte… Si me necesita ya sabe dónde encontrarme, estoy a su disposición. Vendré a diario como hemos convenido a limpiar y a ordenar la habitación.

Sonrió mientras asentía con la cabeza, extrajo dos francos del bolsillo de la levita.

—Es mucho, señor. Todavía no le he servido, solo le he mostrado y he entregado la llave del lugar donde dormirá…

—Recíbalas, Señora Godin, luego nos arreglaremos para lo que le deba —extendió la mano con las monedas, la mujer las aceptó e hizo una reverencia al tiempo que las guardaba en una bolsita que extrajo del corpiño.

—*Merci beaucoup, Madame Godin* —había aprendido el idioma con Monsieur Fortier, en casa de los Valdés Domínguez.

—*De rien, Monsieur* Martí… Pronuncia usted muy bien el francés… Y también tiene hermosas manos, y más bonita mirada.

Turbado, inclinó la cabeza en gesto de agradecimiento.

—Una última cosa —tomó suavemente de la mano a la mujer—: Por favor, ¿sabe dónde puedo comprar café, y papel para escribir?

—El mejor sitio es La Samaritaine, allí encontrará de todo, podrá surtirse con lo que desee; es agradable, aunque bastante cara, abrió en 1860, queda cerca de aquí, da al Sena.

Agradeció con una reverencia de torso incluida, ella sonrió.

—*Vous êtes bizarre, vous*!

Madame Godin dio la espalda, cerró la puerta detrás de su silueta y lo dejó solo en medio de la diminuta pieza.

Tan cansado había llegado del accidentado viaje que apenas podía mantenerse concentrado en lo que primero haría en aquella ciudad plena de encantos y posibilidades. Excesivamente fatigado y adolorido, el viaje había sido accidentado, debió cambiar de una carroza a un potro enfermo, luego de varios corceles a diversos carruajes. Se le había resentido la llaga que demoraba en cicatrizar encima ya de una cicatriz de tres operaciones en el intento de sanar la carne herida en el pasado por el grillete de los trabajos forzados, el hierro que le rozaba la entrepierna y sus partes; el testículo operado había vuelto a inflamarse, latía la antigua llaga de manera aguda.

Pensó que iría lo más pronto posible a la tienda donde pudiera comprar café, tinta y papel; pero antes tendría que asearse. Divisó en una esquina de la pieza una jarra grande de porcelana con flores dibujadas, una jofaina en forma de concha marina y una servilleta o toalla bordada de Peshkir.

Luego de lavarse y secarse con esmero, cuidando de no lastimarse sus partes lastimadas durante el duro presidio en Cuba, extrajo de la valija un camisón blanco de hilo.

Vestido con esa prenda decidió que descansaría una hora en aquel lecho tan bien tendido con un cubrecama tejido de lana pura. Antes de acostarse revisó la pequeña estufa de hierro, abrió la puertecilla y miró dentro. La señora Godin la había dejado encendida y quedaba carbón en el interior. A un lado de la estufa observó también un saco de carbón y trozos de leña como provisión.

Se volvió, en apenas unos pasos tocó con la rodilla el borde de la cama. ¡Una cama, por fin un tálamo mullido donde descansar a lo largo!

Puso la cabeza en el almohadón, arrebujó el cuerpo y, tapado con un cobertor o *duise* veneciano de guata espesa, aunque ligero, pensó y se dejó ir… Cayó rendido.

JEAN D'OMERSSON Y LA CONVERSACIÓN

Conversamos durante una firma de libros un domingo gris en la Escuela de Medicina, yo había leído sus libros desde que lo descubrí cuando pronunció el discurso de bienvenida de Marguerite Yourcenar en la *Académie Française*, siendo él quien promovió su puesto en esta prestigiosa institución, lo que ocurrió el 6 de marzo de 1980.

Nos sentaron juntos y Jean D'Ormesson al inicio fue un poco arisco, yo tímida, como siempre, una de las libreras nos presentó y él se notó más cómodo.

Rompí el hielo, le hablé de aquel discurso de la *Académie Française* sobre la novelista belga, y eso creo que le alegró más que cuando le mencioné algunos de sus títulos.

Además de sus libros, su elegancia era relevante, la manera tan generosa y precisa con la que conducía la conversación. Era un gran conversador.

Mientras conversaba con él recordé cuando Bernard Minoret me dijo que la mayor riqueza de los franceses era la conversación, y que nadie podía sentirse francés hasta que no manejara la conversación a la manera francesa, desde el pensamiento y las ideas, y no desde la emoción.

Aquella tarde junto a Jean D'Ormesson recibí una de las más valiosas clases de conversación que sin saberlo alguien pudo haber impartido jamás, en una de las aulas de la Escuela de Medicina de París, 15 *rue de l'École de Médicine*, en el *6ème arrondissement,* en el *Quartier Latin.*

CIORAN Y LA CIUDAD ACTUAL

¿Hubiera podido Cioran escribir en el mundo actual su magnífica obra? Pregunté a un amigo, que no pudo evitar sonreír al oír mis dubitativas palabras. Al punto respondió:

—¿Habría sido Cioran un *influencer* de los de ahora? —al instante puso su brazo como escudo delante del rostro, intuía que podía abofetearlo ante semejante idiotez, estuve a punto.

—¡Por favor, más respeto! —si mi mirada hubiese sido un puñal lo habría tasajeado *in situ*.

De hecho, habría sido muy difícil encontrarse en la actualidad con Cioran en una librería, como tantas veces me ocurrió en variadas ocasiones en el pasado. Cada vez quedan menos librerías, y menos los libreros como «médicos del alma», así los definí en mi novela *Café Nostalgia*, brillan por su ausencia salvo en rarísimas excepciones.

O sea, me refiero a esos libreros que cuando pedías un título te ofrecían la situación del libro «en tal estante, arriba, a la derecha»; ahora ni siquiera conocen al autor, piden que les deletrees el nombre mil veces, no encuentran el libro sino es a través de la pantalla de una computadora, y ni se mueven para buscártelo pues lo deben encargar por internet, *à quoi bon* desplazarse entonces a una librería?

Todavía, sin embargo, salgo a las calles de París como si fuera a encontrar a Cioran en una de las pocas que quedan, o en un cine; como mismo en La Habana salía a las calles con el sueño de hallar de un momento a otro a José Martí.

Y los he hallado, porque los imagino.

TEATRO DE L'ODÉON

Conservo numerosas experiencias agradables vividas en varios teatros de París. Uno de ellos y el principal es el Teatro del Odéon, donde tantos clásicos pude apreciar hace varios años.

Allí también creí sorprender a Cioran: sentado en las filas del medio, muy atento, fijo en el escenario, su perfil silueteaba la oscuridad de la sala; tampoco me atreví a acercármele. Mientras más leía a Cioran, más tímida me volvía ante su presencia, me sentía demasiado pobre de ideas para dirigirle la palabra; quizás fue un error.

En ese teatro también crucé algunas breves palabras en un evento cultural con el autor checo Milan Kundera. Él, desde luego, no sabía quién era yo, pero yo sí lo había leído con fruición, y esperaba entonces que algún escritor cubano pudiera escribir lo que él describió de su país bajo el comunismo.

Décadas más tarde el escritor francés Erik Orsenna escribiría en *Le Monde*, publicado el 31 de marzo de 1995, acerca de mi novela *La nada cotidiana*: «*Une fois de plus, après Soljenitsyne et Kundera, un roman dénonce mieux que tous les essais: le simple récit des jours vaut tous les anathèmes*». Lo que como podrán suponer ha significado una enormidad para mí, mucho más que una bendición literaria, ha sido y es un compromiso humano, literario y político.

Pero antes de esa comparación de Erik Orsenna refiriéndose a mi obra, de la que siempre estaré agradecida, leía a Milan

Kundera como antes había leído a Emil M. Cioran, con una especie de devoción y de anhelo confuso, inextricable, y encontrármelo en el Teatro de *l'Odéon* lo percibo todavía como uno de esos hermosos azares que solo en París pudieron acontecer en aquella época, cuando París era algo más que una fiesta, o una rumba, cuando París era una constante y eterna celebración cultural.

Al Teatro de *l'Odéon* fui invitada a leer a uno de mis poetas fetiches, René Char, entonces le puse una turbada musicalidad con mi voz y recreé una melodía de uno de sus poemas.

René Char y el Teatro de *l'Odéon*, por ellos solamente valió la pena exilarme y vivir todos estos años en la añoranza de mi país. Otra libertad que le debo a esta ciudad, haber descubierto estos versos: «*Rester honnête, même bafoué, c'est vivre au plus profond de soi la liberté*». Ser honestos, incluso burlados, es vivir en lo más profundo la libertad.

LOS ESTRECHOS ASCENSORES Y LOS PEDOS PARISINOS

Algunos inmuebles parisinos conservan sus ascensores originales, de la época *art-nouveau* o *art-déco*, subir o bajar montados en ellos hacia cualquier piso es como remontarse a la cúpula celestial de otras épocas imbuidos por ellas.

A veces vigilaba a las *gardiennes* españolas o portuguesas de esos edificios para colarme en ellos y poder probar sus elevadores hacia lo desconocido, lo que evocaba la célebre película de Louis Malle, con guion de Roger Nimier, *Ascenseur pour l'échafaud* (*Ascensor para el cadalso*, 1958), con una radiante Jeanne Moreau y los no menos fulgurantes Maurice Ronet y Lino Ventura.

Abría las puertas batientes de maderas preciosas repujadas, recorría los corredores, imaginaba a los habitantes de cada apartamento inmersos en sus vidas; luego descendía en el ascensor, como si fuese una propietaria más.

Poco a poco aquellos hermosos inmuebles se fueron vaciando de sus propietarios e inquilinos para albergar oficinas y empresarios. Nada más triste para una ciudad. Pero, así y todo, yo no abandonaba mi empeño de descubrir elevadores parisinos, mientras los subía y bajaba en repetición, en *boucle*.

Precisamente subiéndolos y bajándolos también descubrí que a los parisienses les encanta tirarse pedos en los ascensores, sin reparar en si van solos o acompañados.

Inclusive algunos después de pedorrearse indiscriminadamente, con esos pedos apestosos a un queso *Munster* podrido colgado todo el invierno en una ventana, sueltan un *pardon* ligero, a media voz, como para subrayar que lo hicieron a propósito.

Otros, los más descarados, cantan hasta cancioncitas del género confesional: «… *pardon, je viens de pêter, tralalalá…*», es una suerte de ascensión hacia *l'échafaud*, como en la película antes citada.

BIBLIOTECAS COMO TEMPLOS

Como el dinero no me alcanzaba para leer todo lo que ansiaba, empecé, como en La Habana, a recorrer bibliotecas y hacerme asidua a ellas. Las bibliotecas de París entonces, todavía en la actualidad, poseen como un céfiro sagrado de templo, en cuanto a disciplina, espiritualidad, recogimiento. El silencio reina, el silencio a lo Cioran.

En la Biblioteca François Mitterrand, a la que iba en los años noventa acompañada del escritor y dramaturgo José Triana, para estudiar el original de *Rimes Byzantines* de Auguste de Armas, poeta cubano que escribía en francés, así como las publicaciones del poeta parnasiano José María de Heredia Girard, que también escribía en francés, y que fue el primer hispano, cubano, antes que Paul Valéry en entrar en la *Académie Française* el 22 de febrero de 1894 para ocupar el sillón de su predecesor Charles de Mazade, autor de una vasta obra de la que yo destacaría *Les Trophées*, verdadera joya literaria.

En varias ocasiones vi a Mario Vargas Llosa inmerso en los libros de esas bibliotecas parisinas, seguramente dedicado a la investigación para una de sus novelas, o a la lectura simplemente. Jamás me atreví a molestarlo ni con un saludo.

También pude atisbar lo que presentí sería la sombra de Cioran, que decididamente coincidía conmigo en los sitios más inimaginables. Una biblioteca no era inverosímil para nuestras citas a ciegas, sin duda alguna, pero como jamás me le acerqué no osé interrumpirlo, ¿cómo podía corroborar que esos Cioran que aparecían constantemente en mi vida contenían al auténtico Cioran?

La biblioteca *Saint-Paul*, la del Arsenal, de la que fue precisamente director y donde vivió José María de Heredia con su familia, se convirtieron para mí en aposentos esenciales del conocimiento, las tuve durante décadas a mano; salía de mi casa y en breves minutos a pie allí las encontraba; abiertas para colmar mis dudas y, como es natural, para sembrar otras intrigas. En el camino a la sabiduría una certidumbre conlleva a una incertidumbre, de ahí a la vacilación… y así *de suite.*

Si las bibliotecas se me ocurrían como templos, entonces yo fui una de sus más fieles sacerdotisas.

PLAZA DE FÜRSTENBERG

De madrugada, mientras avanzaba en la escritura, por momentos debía huir del trabajo y salir a caminar. Obedecer a mis pasos, caminar sin sentido siempre me ha dado buenas ideas, o me renueva las viejas; cualquier calle me conducía y me conduce todavía a la Plaza de Fürstenberg, la que se me ocurre el sitio más íntimo de París, con sus árboles, su farol en el centro, y los inmuebles aledaños, cargados de historias de amor y de abandonos.

Allí también poseo dos vivencias importantes, acontecidas en el escenario reverberante de esa pequeña plaza.

En los años ochenta me senté en el quicio de una de sus aceras, a esperar a un hombre que me engañaba con una bellísima y se contaba que también adinerada mujer, en una pieza de uno de aquellos altos apartamentos. En mi tormento, creía que lo amaba más que nada en el mundo, y que él también me amaba. Me amó, sí, pero más amaba el dinero, o como se decía antes, una buena posición.

En París, como en La Habana, he llorado mucho aquejada de desengaños amorosos, pero como aquella noche en la Plaza de *Fürstenberg*, creo que nunca había llorado tanto.

No era nadie, no tenía nada, mucho menos dinero, solo podía brindarle a este hombre nada más que mi amor y mis lágrimas; los que como pude entender, no le bastaban ni le interesaban.

Años después llevé allí a un pintor, mi mejor amigo, Ramón Unzueta, sabía que aquel sitio tan pintoresco y cinematográfico lo hechizaría, y que lo dibujaría desde el ángulo que más le había impresionado.

Dentro de su monumental obra, el dibujo de la Plaza de *Fürstenberg* de Unzueta pudiera parecer insignificante, para mí no lo es. Cambió las proporciones, colocó detrás la Torre Eiffel, y situó un banco inexistente en la realidad. Dijo entonces que lo dibujaba de tal modo para que él y yo pudiéramos sentarnos en el futuro. De hecho, tras su prematura muerte lo imagino sentado allí, esperándome; esperándonos a su hermana y a mí.

La Plaza de *Fürstenberg* —lo supe bastante más tarde— es un lugar bendecido por el cine y por la pintura, Eugène Delacroix vivió allí, y ahí tiene su casa museo, y ahí filmó Martin Scorsese la última escena de *La edad de la inocencia* (1993).

La placita de *Furst*, como la he rebautizado, en fin, es un sitio más para sellar amistades perdurables en la eternidad que para lloriquear penas de amor.

OJOS ALMENDRADOS, PELO NEGRO

Era una de las mujeres más bellas del *Tout Paris* de su época, pero lo que todavía fue más importante, además se consagró como de las más intelectuales, más brillantes, por encima inclusive de algunos hombres. De casta le venía al galgo, como dice el viejo refrán, su padre era el poeta parnasiano José-María de Heredia, nacido en Cuba bajo la Corona Española, que escribía en francés, autor de *Les Trophées*, entre otros libros imprescindibles, y que llegó a ser elegido Miembro de la *Académie Française* mucho antes que el insigne Paul Verlaine.

Marie de Heredia habría podido nacer en la isla si sus padres no hubieran viajado y no se hubiesen instalado en París.

La joven Marie, conocida después que se casó con el poeta Henri de Regnier como Marie de Regnier, que firmaba sus libros con el nombre masculino de Gérard d'Houville, o a veces sencillamente como Gérardine, cautivó con sus ojos azabaches almendrados, su pelo negro y abundante, la fuerza de su pluma y de su verbo, a una gran cantidad de caballeros ilustres cuyos nombres hicieron historia de las letras francesas.

Varios libros y exposiciones le han sido dedicados en Francia, notablemente la novela *Les Yeux Noirs (Los ojos negros)* de Dominique Bona, y la Exposición 'Marie de Regnier, musa y poeta de la Belle Époque', en la Biblioteca del Arsenal, donde la autora de *Le Séducteur (El seductor)*, novela inspirada en su padre, al que ella imaginaba en los campos cubanos enamorando ingenuas campesinas, residió con sus padres y su hermana cuando a José María de Heredia le nombraron flamante director de la Biblioteca del Arsenal.

La joven vivió durante bastante tiempo en el lujo. Tanto, que les tocó mudarse al barrio 8, en plena Avenida de los Campos Elíseos, en un vasto apartamento, donde el respetado y admirado Heredia brindaba las fiestas más extraordinarias y divertidas, así como las tertulias de mayor enjundia literaria, con la asistencia de las celebridades más selectas que frecuentaban a la familia.

De esa forma conoció al que sería su marido, el poeta Henri de Regnier, que acaudalaba una muy buena posición económica, en una de esas reuniones de la alta sociedad. También conoció, más tarde, al que sería su amante (¿qué esposa que se respetara no poseía un amante en el París intelectual y artístico del *art-nouveau*?) y padre de su único hijo (reconocido por Regnier como propio, sin embargo), el novelista Pierre-Louÿs, autor de *La femme et le pantin (La mujer y el pelele)* llevada al cine en varias ocasiones, una de ellas interpretada por Marlene Dietrich y la otra por Brigitte Bardot. Se dice además que Marie inspiró al personaje de Manasydika o Manasika en la novela erótica de Louÿs *Les chansons de Bilitis,* obra adaptada a la gran pantalla en los años ochenta por el fotógrafo y cineasta David Hamilton.

Marie y su familia debieron experimentar momentos de dificultades económicas por breves etapas de su vida. No todo fue doradura y comodidades, no la mayoría de las veces. La inestabilidad económica le sirvió para forjarle el carácter, convertirla en una observadora y participante activa de todas las clases sociales y ambientes que rodearon su existencia.

Su amor por Pierre Louÿs y correspondido por él, dio lugar a las obras más hermosas de la literatura francesa de amor y erotismo, tanto las de su autoría como las de él, además de a sesiones de fotos de desnudos, que fueron mostradas por primera vez en la Exposición de la Biblioteca del Arsenal, tomadas por el propio amante. El cuerpo de Marie era muy blanco, senos pequeños, anchas caderas, trasero prominente, cabellera en cascada larga, ojos y rostro innegables de una audaz cubanita.

La obra de Marie de Regnier es muy extensa, basta citar algunos títulos: *La inconstante, Esclava, Tiempo de amar, El seductor, Muchacha, Peor para ti, La novela de los cuatro, El niño, La vida amorosa de la Emperatriz Josefina…*

Una obra plena de novelista, y también de cuentista, dramaturga y poeta, que le valió el Premio de la Academia Francesa por el conjunto de todo su trabajo. Ella fue la primera en recibirlo. Una mujer, de origen cubano, a la que se le distinguía con la estrenada edición del premio más prestigioso y anhelado de la época, por su inteligencia, coraje y visión del mundo. Años más tarde también recibió la condecoración *Gran Prix de Poésie* de la Academia Francesa por su obra lírica.

Muy pocos cubanos conocen la existencia de esta mujer que batalló por el amor y por la literatura desde varios flancos, y que estuvo siempre del lado de su padre y del de Cuba.

No obstante, atrevida también como pocas, no vaciló en casar a su hermana menor, Louise, ya muy enferma de tuberculosis, con Pierre Louÿs, su amante. De tal manera podía convivir con él, cuidar de la hermana enferma, todo quedaba en familia. Nunca se separó de su esposo, educó a su hijo en los valores de dos grandes culturas, la francesa y cubana.

Marie de Regnier es muy recordada en Francia, y desdichadamente en la misma proporción, olvidada en Cuba. Uno de sus descendientes, Christophe Girard, fue hasta hace poco el encargado cultural de la alcaldía de París. Durante años condujo con muy buen tino la alcaldía del barrio 4 —donde viví durante más de treinta años—, más conocido como *Le Marais*.

El edificio donde vivía queda situado a pocos pasos de la Biblioteca del Arsenal, todavía la visito a menudo. Consulto allí los textos de teatro, que son la especialidad de la institución. Pero, sobre todo, imagino que por uno de sus recintos, algún día de ensueño iré a tropezarme con el fantasma de Marie de Heredia, Gérard d'Houville. Para cuando eso suceda, tengo preparada ya la conversación que me revelará ante ella.

DE ESPOSA DEL PADRE DE LA PATRIA Y MADRE DE SUS HIJOS A VENDEDORA DE COQUITOS RAYADOS EN PARÍS

A veces iba de un barrio a otro, los recorría a pie para olvidar que las tripas me sonaban del hambre, para borrar también de mi mente que varias mujeres cubanas pasaron mucho trabajo y angustias en otras épocas en estas mismas calles parisinas.

Una de ellas fue Ana de Quesada y Loynaz, nacida en Camagüey, Cuba, el 14 de febrero de 1843, y murió en París el 22 de diciembre de 1910, dos días después del nacimiento en La Habana, del gran poeta y novelista proustiano José Lezama Lima, quien podía describir París con una exactitud envidiable desde su sillón en la calle Trocadero, allá en el pecaminoso barrio de Colón, sin haber jamás tomado el avión, ni haber estado nunca en esta ciudad.

Ana de Quesada y Loynaz, una mujer ejemplar, nacida en la alta sociedad cubana, cuyo marido, Carlos Manuel de Céspedes, se entregó en cuerpo y alma a la Guerra de Independencia, tras haber sido el primero de su clase en liberar a sus esclavos, dio a luz al hijo de ambos fuera de su tierra, pues debió huir de Cuba acompañada del poeta Juan Clemente Zenea. Más tarde preparó a ese hijo, Carlos Manuel de Céspedes y Quesada, para que siguiera los pasos de su padre en la lucha por la independencia de Cuba. Con él regresó a Cuba, allí esperó a su lado hasta que terminara la guerra. Sin embargo, retornó a París.

Cuando puedo almorzar y cenar caliente siempre me viene a la mente esta gran señora, antes y ahora; en numerosas ocasiones tuve que apartar el plato, porque recordaba a mi madre en Cuba, sin nada que poner en la mesa, y a Ana de Quesada, aquí en París en el pasado, trabajando en lo que se presentara para poder mantener a los luchadores por la libertad en la isla.

Ana de Quesada significa mucho para mí, no solo porque fue un modelo irreprochable de resistencia, además porque esa fortaleza e intransigencia la condujeron a la pobreza; a terminar sus días mientras vendía coquitos rayados, ese dulce casero maravilloso que los cubanos tomamos como postre, en las calles de la Ciudad Luz, que para ella se había apagado.

Que la ilustre y valiente Ana de Quesada y Loynaz haya muerto mientras vendía coquitos rayados caseros, cocinados por sus manos, en medio del gélido invierno parisino, me corta la respiración; de solo imaginarlo me da una mezcla de ira y remordimiento que pudieran calificarse a estas alturas de incomprensibles.

Como también puedo imaginar a José Martí con sus únicos zapatos gastados, llenos de huracos en las suelas, aunque lustrados con esmero, pero más brillosos por el mucho uso, hasta dejar la piel de las puntas en el puro cuero poroso.

De esposa y viuda de Carlos Manuel de Céspedes, Padre de la Patria, así llamado todavía y para la eternidad, uno de nuestros héroes mayores, y de un hijo sacrificado en la guerra, a sacrificarse ella misma, en las calles de esta ciudad, donde no hay un solo señalamiento, de tantos como hay, que indique que, en una de sus calles cayó herida de fatiga y de necesidad una de las más grandes mujeres de la historia de Cuba; hambrienta, pero sabiéndose dichosa por ver a su país en apariencia libre, en la distancia.

Irremediablemente me venían entonces, y me vienen todavía a la mente, citas muy claras de Cioran: París como una suerte de «*néant collective*», o «*il n y a rien qui ressemble tant au néant que la gloire de Paris*». Una suerte de nada colectiva, no hay nada que se parezca más a la nada que la gloria de París.

REINICIACIÓN A LA NADA

Leo en ABC que una universidad holandesa canceló la representación de la legendaria obra *Esperando a Godot*, de Samuel Beckett, porque solo contiene personajes masculinos.

La noticia sigue, como si nada: «La Universidad de Groningen determina como ataque de género que Samuel Beckett no incluyera mujeres ni personajes transgénero en el reparto de su obra cumbre. En su testamento exigió que sus personajes sean solamente interpretados por hombres...»

A Samuel Beckett lo conocí brevemente, como bien cuento en *La intensa vida*, una tarde en el Jardín de Luxemburgo, en París. Fue un encuentro memorable sobre todo para mí, que marcó mi destino y mi obra, aunque esta última fue marcada mucho más por los libros de este autor irlandés. Al ser Beckett uno de mis autores predilectos no puedo sentir más que ira mezclada con una impotencia incontenible. No tristeza, de ninguna manera tristeza ni amargura. Hace tiempo que me esperaba estos insoportables desmanes del '*popolo*', y lo *woke* en general. Si lo han hecho con William Shakespeare, qué podía esperar que no hicieran con Samuel Beckett.

Tal como manifiesta el periódico, Beckett dejó muy claro que los personajes de *Esperando a Godot* solamente podían ser interpretados por hombres, lo que me parece muy bien; más que bien, resulta muy justo, además de que al ser el autor se debieran respetar sus deseos y no imponer criterios que en nada atañen al contenido de la obra y a los principios literarios y morales del autor.

Deseo dejar muy claro que, salvando las grandes distancias, si un día alguien intenta representar mis obras, que se respeten mis elecciones sexuales y que los personajes femeninos sean interpretados por mujeres y los masculinos por hombres, porque así los conocí a través de mi imaginación, y no existe mayor atentado contra la obra de un escritor que cuando se desfiguran sus propósitos y se le ataca en pleno corazón al núcleo esencial de su imaginario. Me da igual que se piense lo que se piense y que se diga lo que se diga, pero esos son mis deseos más potentes, por lo que dejaré por escrito que se respeten a rajatabla. Porque también he escrito personajes homosexuales que solo podrán ser actuados por actores homosexuales, ahí su derecho y el mío, a dejar claro que no los describí como homosexuales solamente debido a su sexualidad, sino también a sus valores como seres humanos específicos de una época.

Jamás he tenido un problema personal con ninguna persona que haya elegido una forma de vivir otra o ajena a la sexualidad con la que vino al mundo, como supongo que tampoco lo tuvo Beckett, tan concentrado como vivía en su misión en esta vida: escribir magníficos libros.

Beckett jamás le faltó el respeto a nadie, precisamente por respeto a sus lectores y al público de los teatros y cines es que pensó en el respeto que se le debe a sus personajes, sobre todo en un futuro en el que él ya no estuviera aquí para defenderlos. Así debe ser, o debiera... Sin embargo, vivimos en un mundo cada vez más intolerante, dictatorial e imprevisible. Esto sí que entristece y amarga.

Si estas personas, enfermas de espíritu e ignorantes, no pueden aceptar a los personajes de Samuel Beckett tal como fueron concebidos, sujetos al deseo del escritor en una obra que es un clásico de la literatura universal, pues que se vayan a freír espárragos, pero como sé que no lo harán, mejor que no toquen ni ensucien más a los escritores que vivieron y escribieron en y por la libertad, para la de todos, incluidos ellos, los censuradores; y cuya única intención consistió en crear y recrear la belleza.

Mientras releía hoy a otro de mis grandes amores literarios, Emil Michel Cioran, me digo que estamos en ese momento tan terrible por el que ya hemos pasado algunos, en el que frente al desastre solo queda la «iniciación a la nada». En mi caso, voy ya por varias reiniciaciones; y, por lo que veo, no solo sigue yendo para largo, además creo que viviré hasta los últimos días de mi existencia en un infinito período de reiniciación a la nada.

No hay salida si no es, ante la reiterativa y perenne herida bestial de la censura y la negación, echar mano y colocar como escudo esa abrupta fatiga «sana», vital, que procure otro tipo de movimiento sorpresivo y audaz hacia la risotada, la burla, el desdén que alivia desde la sabiduría en camino a otro conocimiento, *quasi* feliz.

«Lo real me da asma», escribió también Cioran. Cómo no comprenderlo, aquejada de asma real sé lo que su frase plena de ciencia y poesía nos quiere dejar entrever. Escribí una novela, también imbuida por la lectura de Cioran, en la que el personaje principal se sentía una «irreal», en aquella Habana irreverente de los años ochenta. Es una novela tan hermética, también influenciada por la autocensura que la censura real imponía entonces, que hoy cuando la releo no entiendo la mitad de lo que quise decir, o lo que el personaje a través de mi debió expresar. Recuerdo que mientras componía sus capítulos, a pocos pasos del mar revuelto cercado por el muro del Malecón, no cesaba de darme *fututazos* o bocanadas de aquel aparatico de asma antediluviano que vendían en las farmacias cubanas.

Solo tecleaba en la vieja Remington sin teclas con la que aprendí de forma fidedigna y verídica que la letra con sangre entra, pues los pinchos sin teclas se hundían en las yemas de mis dedos hasta hacerlos sangrar; luego salía a caminar sin rumbo, porque lo que anhelaba con todas mis fuerzas no era precisamente terminar con veinte años mi primera novela, sellarla con una frase final, sino fatigarme físicamente hasta la extenuación, hasta el último de los cansancios, hasta la muerte. Todavía hoy camino por París con aquel firme propósito: el de morir al menos riendo mientras camino.

COMO UNA SOMBRA

Me dirigía a tomar un taxi de los que esperan a los clientes a un costado de la torre Saint-Jacques frente a la Plaza de *Chatelêt* e iba pensando en esa frase maravillosa... «El camino que un espermatozoide debió transitar para desembocar en el Réquiem de Mozart». La escribió Cioran. No hay nada más justo que esa frase, y nadie más preciso que Cioran, pensé, y seguí andando deprisa; iba a llegar tarde, y detesto llegar con retraso.

Acudí a la punta de la cola de automóviles, me asomé encorvada a la ventanilla, busqué con las pupilas en el interior, el taxista dormitaba. De súbito se despertó, me miró asustado todavía con los ojos turbios por el sueño, dio un grito de terror al tiempo que se protegía el rostro con los brazos en cruz.

—¿Tan fea soy? —pregunté en broma.

El hombre se repuso, estiró sus brazos hacia arriba, despejándose, hizo un gesto indicándome que entrara en la parte trasera del taxi, me pidió la dirección: 52 *rue Saint-Dominique*, respondí.

A mitad del trayecto entabló una conversación absurda:

—¿Sabe usted? Tuve miedo, del fantasma, de su sombra...

—¿Qué fantasma, qué sombra? –inquirí, entre dudosa y divertida.

—Existe un fantasma, que aparece primero en forma de sombra, luego se materializa en mujer, muy hermosa... Dicen que se parece a esa actriz de hace mucho tiempo, esa Sarah... —no se acordaba del nombre.

—¿Sarah Bernhardt? —estaba segura de que lo adivinaría.

—Ella misma… Sabe, suele aparecerse a los taxistas, entra en los vehículos y todo; nos pide que la conduzcamos al salón de Madame de Récamier… Es muy bella, así, tan pálida, aunque cojea de una pierna…

El detalle de que cojeaba de una pierna me dejó dubitativa… Creo que José Martí escribió sobre la pierna enferma de esa, su Sarah Bernhardt… O al menos, ella pudo habérselo contado por correspondencia.

—¿Teme usted a los fantasmas? —pregunté, mientras mi mirada buscaba la suya a través del espejo retrovisor.

—Es que es muy enamoradiza, varios taxistas se han vuelto locos por ella… No, no quiero que me pase lo mismo a mí. No quiero que me suceda igual, dejarme atrapar por un fantasma.

—Pues, hombre, no se enamore usted, evítela —sentencié.

—Señorita, a usted puedo evitarla, pero a Sarah Bernhardt no, ¡ni en sueños podría renunciar a semejante mujer!

CATALINA LASA Y LA ROSA DE CARNE

Es sabido que la primera mujer en el mundo que corrió el riesgo de cambiar su figura mediante cirugía estética fue la cubana Catalina Lasa. También se ha harto comentado que fue atrevida y se hizo cincuenta y una operaciones, que expiró en la mesa del cirujano mientras le hacían la cirugía número cincuenta y dos.

Su féretro fue trasladado en barco de París a La Habana, acompañado por su gran amigo, el escultor y vidriero René Lalique, a quien ella había obligado a jurar que se ocuparía de diseñar y construir la capilla familiar en el cementerio de Colón (curioso que en La Habana tanto el barrio de putas como el cementerio lleven el nombre de Cristóbal Colón); así fue, el artista cumplió su palabra.

La tumba de los Lasa Baró era toda de cristal morado, mármol blanco y granito negro, imperaba el diseño de la rosa creada por la fantasiosa mujer; rosa que Lalique reprodujo con suma delicadeza.

El viudo fue quien puso empeño en que el artista culminara la gran obra de la tumba de cristal en honor de su amada esposa. En la actualidad, de esa magna obra arquitectónica no queda más que la roña y la inquina, cada una de las partes fueron robadas, como ha sido robado todo en ese país por los ladrones que tomaron el poder.

En 1927, el marido de Catalina, Juan Pedro Baró, mandó a construir una de las primeras casas *art-déco*, de La Habana;

los arquitectos Evelio Govantes y Félix Cobarrocas diseñaron un verdadero reino ecléctico de elegancia y lujo insuperables. La casa cambió de dueños y de destino después del año 1959 y expropiados sus herederos. La mansión fue transformada en el Instituto de Amistad Cubano Soviético; poco después de 1989 y el derrumbe del Muro de Berlín quedó como salón de alquiler para fiestas de quinceañeras y bodas. No sé si el inmenso retrato de Lenin situado en uno de los salones principales espía todavía la marcha del heroico pueblo cubano a ritmo de conga hacia el *ñangarismo* (comunismo) o más bien es testigo de esos nuevos matrimonios con extranjeros que a paso de reguetón más tarde abandonarán el país.

Unas cuantas décadas atrás, Catalina Lasa se hallaba sentada sobre el césped del jardín que con tanto amor le había obsequiado el esposo, inmersa en crear una rosa cuyos pétalos poseyeran la textura de una piel fina de mujer y el color sonrosado de unas encarnadas mejillas. Tomó una rosa blanca y una rosa roja del jardín, derramó gotas de su sangre menstrual, lágrimas de alegría (de ninguna manera debían ser de sufrimiento), con la punta de un abrecartas de oro raspó una capa ligera y brillante de sudor que cubría su frente, de sus pezones extrajo dos gotas de leche.

Mezcló y machacó el mejunje en un mortero de mármol rosáceo y sembró el resultado en la tierra púrpura. A los veintiocho días emergió una espiga gigante, verde, reluciente.

Catalina vigilaba a diario el crecimiento del tallo, primero surgieron las espinas —nada hirientes, sino que más bien imitaban cabellos de ángel—, nacidas antes que las corolas... En menos de un año el rosal despuntó y la sorpresa resultó ser muy grata: rosas color piel humana afloraron cercanas, muy parecidas al color del rostro de la mujer. Al tacto, sus pétalos eran tan suaves que podía afirmar que estaba delante de rosas de carne.

Las rosas de Catalina Lasa se hicieron célebres tan rápido que el mundo entero encargaba ramos de ellas. Entonces, Catalina Lasa hubo de viajar a París, aquí no halló el hechizo de la tierra rojiza y fértil. Para colmo, ya no derramaba lágrimas de alegría, sus reglas no avisaban y le bajaban en cualquier momento, el sudor de su frente devino opaco, sus pezones se engurruñaron, y lucían secos a causa del largo y duro invierno.

En una de esas recepciones elegantes del *Tout Paris* conoció a un doctor que aseguró que podía devolverle la juventud, añadir belleza a las damas con pequeños cortes de escalpelo.

—Padezco varios traumas, debo regular mi menstruación. Estoy segura de que mi descontrol hormonal es el origen de insoportables ataques de llanto causados por una tristeza cuyo origen no reside en pena alguna. Mis sudores son cada vez más espesos, natosos, los pezones se han vuelto morados, pequeños, sus conductos se han obstruido.

De tal modo explicó Catalina en la consulta al doctor. El hombre garrapateaba en un papel con una suntuosa pluma punteada con un brillante, mientras ella confiaba sus desdichas.

—Temo que mi rosa se extinguirá conmigo —suspiró acongojada.

—Puedo solucionarlo —prometió el eminente cirujano.

A partir de aquella cita se iniciaron las operaciones quirúrgicas. Un corte en el bajo vientre, el estiramiento del pellejo aliviaría los dolores de ijares, y con un tratamiento adjunto de hormonas la regla volvería a su curso lunar. Cortaría una línea de pellejo encima de los párpados y también en las bolsas que aparecían debajo de sus ojos, estiraría hacia las sienes, extirparía delante de las orejas por lo menos como un dedo de piel, así los lagrimales volverían a funcionar semejantes a los de una chiquilla, las lágrimas recuperarían la vigorosidad anterior. Subiría la frente halándola al máximo, eliminaría las arrugas en las que se encharcaba el sudor junto a la basura de la polución ambiental; cosería a nivel del cráneo, a raíz del pelo, para evitar que la cicatriz se hiciera evidente. En cuanto a los pechos, había que levantarlos a cualquier precio, redondearlos, lo que devolvería humedad a los pezones y su sonrosada vitalidad mediante cremas de leche de cabra de probada eficacia.

Las primeras operaciones constituyeron un éxito tal que Catalina Lasa, entusiasmada, asistía al salón de operaciones a rehacerse la figura cada vez que el espejo le devolvía una mínima fisura.

Casi al mismo tiempo, las rosas de carne renacieron y empezaron a venderse como pan caliente.

Catalina lucía divina exteriormente, pero solo ella padecía en silencio de una fatiga interior demasiado profunda, como si la halaran desde dentro hacia un más allá oscuro. Ella, que tanto amaba la luz, las lámparas extravagantes, los salones resplandecientes, pidió a la servidumbre que bajara de tono la iluminación; se deshizo de bujías maravillosas, creó la penumbra a su alrededor, se apagó...

El jueves pasado fui a las *Galeries Lafayette* del *Bulevard Haussmann*, me puse a admirar los techos *art-nouveau*, lo que constituye en mí un hábito; al rato me dejé guiar por una rara intuición, me hallé delante de la vidriera Lalique. Los síntomas provocados por mi descubrimiento fueron más asombrosos que la sorpresa misma: mis ojos se humedecieron, me invadió una alegría infinita, mis senos henchidos gotearon. En el espejo pude advertir perlas de sudor en mi frente, una punzada atacó mis ijares, un líquido caliente mojó la entrepierna.

En la vidriera brillaban unos pendientes Lalique que formaban la rosa Catalina Lasa, dos rosas diminutas de cristal colgaban boca abajo. Su reflejo carnal hizo que imaginara a aquella joven recién casada que en un jardín retirado de La Habana inventó una rosa exclusiva, la que posteriormente el mundo deseó colocar en los jarrones más visibles de los palacios y palacetes, en las cinturas de las jóvenes de antaño, en el pelo de las divas. Una rosa cuyo perfume fue extraído de la vida misma de una cubana que impactó al emblemático Lalique.

LA REINA DE LA RUMBA

En París enseñó a bailar rumba a Josephine Baker. Casi una niña, Alicia Parlá bailó también para el príncipe Eduardo de Inglaterra. Se negó a hacerle monerías a los alemanes cuando la invitaron, mucho menos frente a uno en específico, el austríaco del bigote ridículo: Hitler.

Maurice Chévalier intentó sobrepasarse. Aunque los ojos intensamente azules del *showman* fascinaron a la cubanita, a la que los diarios franceses trataron de Mariana, no permitió que uno de los hombres más célebres, de entre los amantes de Marlene Dietrich, se fresqueara con ella.

Conoció también en París a Ernest Hemingway, cuando todavía la ciudad «era una fiesta», que ella convirtió en rumba.

Desde 1931 hasta 1934 la nombraron la Reina de la Rumba en Europa y en Estados Unidos.

Niña precoz, a los nueve años no albergó la menor duda de que lo suyo era bailar, menear la cintura y los hombros, desbaratarse el cuerpo fulminado por una conga.

En 1930 tomó cursos de baile con un profesor en Nueva York, quien la elogió y acentuó sus habilidades. Salía apenas de la adolescencia y entonces se enteró de que tenía la posibilidad de entrar a trabajar como vendedora de cigarrillos en un club nocturno del *Greenwich Village*; aunque su sueño era París.

La madre se opuso, ponía el grito en el cielo ante el empecinamiento de la jovencita de trabajar en semejante antro. La respuesta fue un no rotundo, argumentaba que el padre —que aún andaba por La Habana— la mataría si se enteraba que ella, su madre, consentía tamaño escándalo.

La chiquilla de diecisiete años insistió impetuosa, se suicidaría —aseguró—: la progenitora terminó por ceder.

Una noche, la bailarina española enfermó, Alicia convenció al dueño del sitio, y a su madre, quien la acompañaba cada vez para que nada malo le pudiera ocurrir, de que le permitieran sustituir a la ausente. Rogó que la dejaran bailar una rumba cubana. Así sucedió, desde que surgió en el escenario los volvió locos, enloqueció al público con la sabrosura del movimiento de sus caderas y la belleza de su franca sonrisa. Batuquearse y reírse, ese era su método, divertirse su objetivo.

Ahí empezó la fama; luego vinieron las giras mundiales, tocaron las tandas de fotografías acompañada de celebridades, el imponente desparpajo de la abundancia…

La primera aparición fuera de aquel tugurio ocurrió en el teatro de la Paramount. *El manisero* se convirtió en éxito nacional y la orquesta y el elenco se dispararon de gira por Estados Unidos.

De ahí actuó con otra orquesta en Central Park, luego siguió Boston. Justo entonces fue cuando le comunicaron al padre lo que estaba sucediendo, no hubo tiempo para que el hombre montara en cólera, pues madre e hija debieron viajar a Montecarlo.

Alicia Parlá fue la primera mujer que bailó una rumba en un casino. Detrás vinieron Berlín y París. Su actuación en París ocurrió el 14 de julio de 1932. Cuentan en los recortes de prensa de la época que fue apoteósico.

Más tarde regresó a Cuba, a Pinar del Río, se casó, tuvo una niña. Cansada de los deslices del marido, se divorció y se marchó a La Habana.

Era una adicta de los mediodías candentes del *Sloopy Joe's*; religiosamente se dirigía al lugar con Ileana, su hijita, a la que ella misma le decía en broma que había criado a base de biberones de *Bloody Mary*. Pero París le faltaba, su estancia había sido inolvidable, no solo para ella.

Con la ayuda del actor americano Errol Flynn regresó a París, la acompañaba su hija, escoltadas ambas nada más y nada menos que por el capitán Blood. Medio olvidada en su tierra, París la recibió como los parisinos la bautizaron: La Reina de la Rumba.

El romance con Errol Flynn llegó a su fin cuando éste debió partir a filmar otra película en la isla, en Cuba; pero entonces Josephine Baker, con esa generosidad que la caracterizaba, se ocupó de buscarle un trabajo estable, para que Alicia e Ileana no cayeran en desagradables vicisitudes.

Con el tiempo, Alicia Parlá e Ileana, su hija, en Miami, recordaban París como una ciudad abierta, donde el gran arte y la belleza decían siempre la última palabra.

Entonces, llegó la tragedia con un hombre, el austríaco socialista. París dejó de ser París, al menos para ellas; no resplandecía igual. Europa se ensombreció con la guerra.

Retornaron a Cuba, luego debieron huir del comunismo hacia Estados Unidos. Sin embargo, desde Miami, Alicia Parlá recordaba París como su ciudad preferida, como la ciudad de la alegría, donde a ella la rebautizaron como La Reina de la Rumba y la reconocieron hasta que otras reinas y otros tiempos emborronaron su huella.

LOS LOCOS

En La Habana había muchos locos que daban discursos pues imitaban al loco mayor, al espantapájaros de la mala suerte... El exceso de colectivismo los hacía delirar y todos querían parecerse al Máximo Líder.

En París hay mucha gente que habla sola, por lo general cuando uno habla solo es que se siente de verdad muy solo, o que no anda muy bien de la cabeza. Me inclinaría a pensar que en esta ciudad la gente que conversa consigo misma mientras camina es resultado de la inmensa soledad. Cuando me quedé sola empecé a hablar por la calle en voz alta, al reparar en ello fue que me di cuenta cuán sola me encontraba.

El libro *On ne peut vivre qu'a Paris* de Cioran ilustrado por Patrice Reytier muestra también ese lado de la ciudad, la soledad apabullante en medio de una compañía cada vez más invisible. Cioran es el único ser humano visible en ese libro, gracias a sus palabras y a los dibujos de Reytier. Solamente existen París y Cioran, cada vez más invisible en la vida real.

También he sentido esa invisibilidad, debo decir que es algo que adoro de París, cómo te protege como si todavía estuvieras en el vientre materno, como si cada día nacieras para sentir que vives en París, en este vientre hondo, aunque a veces incómodo.

«*Postré entre des gémissements et des syllogismes*», escribió Cioran en ese libro que tanto quiero. Postrada entre suspiros y capítulos interminables de una novela, así me siento. París es una ciudad que suspira con toda su alma.

París puede saborearse, a veces dulzona, otras amarga, pero jamás ambigua, nunca entre una cosa y su contrario. París es exacta, precisa en su magnitud, en su dimensión poética.

París con sus *clochards*, con sus inmigrantes devenidos parisinos (entre los que me encuentro, aunque como exiliada), con sus latidos apresurados o lentos, con su belleza o su fealdad, con su desdibujamiento, como en una obra posimpresionista. París *fauviste.*

Los cubanos de una generación mayor suelen referirse a la Cuba de antes de 1959 como la Cuba eterna, tienen razón. París es y será infinita, eterna pese a cualquier revolución e involución. La historia con su pesada antigüedad tiene mucho que ver en ello.

Son muchos los locos de París; también los seguirá habiendo en La Habana, cada vez más. Fui una loca en La Habana, lo soy en París. En La Habana aquejada por el exceso de colectivismo, en París dolida por el exceso de soledad.

«Los locos somos cuerdos», escribió José Martí, el más universal de todos los cubanos, quien también vivió por un breve tiempo en París, porque según sus palabras hacemos *posible lo imposible.*

Una ciudad sin locos no es una ciudad. Una ciudad se nos descubre a veces como un manicomio donde abundan los locos disfrazados de cuerdos; por el bienestar social, dicen.

LAS PUTAS

Tuve un amigo cubano que cuando llegó a París lo primero que quiso hacer fue ir a ver las putas de Saint-Denis. Recuerdo que me rogó en una exclamación:

—¡Por favor, llévame a ver las putas de Saint-Denis, quiero comprobar por mí mismo que existen de verdad!

No encontré demasiado educado que antes de desear entrar en el museo del Louvre anhelara irse a ver el museo callejero del placer. Sin embargo, al final entendí.

En Cuba supuestamente se prohibió la prostitución después de 1959, Fidel Castro disfrazó a las prostitutas de milicianas y las mandó a trabajar al campo de por vida, a cortar caña bajo un sol achicharrante; con el pretexto de que Cuba había sido el burdel de Estados Unidos se olvidó de ellas.

Hoy Cuba es el burdel del mundo entero, sobre todo de los franceses, españoles, ingleses y canadienses, sin olvidar a los mexicanos, y por supuesto, después de Barack Obama y Joe Biden, también de los norteamericanos. Menos mal que volvió Donald Trump para poner firme a los endebles.

Recuerdo que la reacción que tuvo mi amigo cuando lo llevé a pasearse arriba y abajo por la rue Saint—Denis fue la misma que yo tuve la primera vez que la visité; a él al igual que a mí lo invadió una timidez mezclada con pánico, inexplicables. Nos sentimos inseguros y hasta vigilados. Al tiempo, sentados en un *bistrot* nos moríamos de la risa al rememorar la experiencia.

Mucho antes de que aquel amigo llegara para asilarse en Francia, lo que no logró y se tuvo que marchar a España de manera clandestina, yo había ido también a conocer a las putas y putos de la *Avenue Foch* y a las candelitas del Bosque de Boulogne; los clientes me confundían con una de ellas, aunque fuera de contexto debido a mi vestimenta, porque las putas de la *Avenue Foch* iban en su mayoría desnudas bajo unos carísimos abrigos de visón *rasé*.

Hace tiempo que las putas y las candelitas desaparecieron de la *Avenue Foch* y del Bosque de Boulogne; al barrio llegaron las putas sudamericanas, bastante menos elegantes y con unas poses sobrecogedoras, matadoras. En la *rue Saint-Denis* solo veo asiáticas y putas envejecidas, algunas hasta muy ecológicas.

«Una ciudad sin putas no vale la pena», decía mi amigo.

No lo sé exactamente, no me había puesto a pensar en eso, quizás lleve razón.

Pero con lo que sí estoy de acuerdo es que cuando en una ciudad la excesiva virtud y la modorra ideológica sustituyen al vicio y lo eliminan, algo muy enfermo corroe la esencialidad de su trama, la de ser una ciudad entera, para convertirse en una especie de terreno infértil que sobrevive en loor de caducidad.

Sin pecado no hay ciudad, porque Dios inventó el pecado para que existieran las ciudades.

PALOMA BLANCA

Cioran se preguntaba alguna mañana si entre sus ancestros lejanos existiera algún enfermo mental. Eso me hizo recordar que una de mis tías abuelas enfermó «de los nervios», que es como se les llama en Cuba a los enfermos mentales.

Empezó a creerse que era una paloma, y hasta zureaba igual a las palomas. Nada pudo hacerse. Además, ella fue muy feliz en su nueva vida de agitada ave. Era todavía la época en la que percibirse como ave o como algo ajeno a sí mismo se diagnosticaba como trastorno.

Eso sí, lo único claro que ella anhelaba y pedía a Dios era que, si por casualidad reencarnaba, en otra vida, pudiera regresar a este mundo convertida en una blanca paloma de París, porque a mi tía abuela le habían contado que en París las viejecitas daban de comer a las palomas; mientras que en La Habana, la gente había empezado a cazar a las palomas para comérselas.

BESOS

No hay una ciudad para que los enamorados se besen en los labios como París, no existe otra. París es una ciudad para besarse, y al punto amarse.

Esto ha sido probado en numerosas fotografías (Robert Doisneau) y filmes (una campaña publicitaria de los años ochenta para que la gente volviera a las salas de cine se estructuró a base de escenas de besos extraídos de películas célebres, su título: *Je t'aime et je t'emmene au cinéma*), pero también en la literatura (de Raymond Queneau a David Foenkinos)... Besos de verdad o de mentira, qué importa, si son besos al fin.

Al llegar a París me sorprendieron esos arranques impetuosos y exhibicionistas de los amantes al chuparse con besos franceses que les llaman, o de tornillo, a la vista de todos: en el metro, en las calles, en los parques, en los puentes, en las tiendas, en las *brasseries,* en los lugares menos improbables. A mí nunca nadie me había besado así en la vida real, tan abierta e impertinentemente.

En Cuba la gente hace y deshace con sus cuerpos y sobre todo con sus bocas, pero siempre a escondidas, en un cine, e inclusive hasta en las iglesias, pero pocas veces al aire libre.

En esta ciudad he visto a enamorados yendo más allá de los besos en los pasillos rodantes de los metros. Lo vi más específicamente en la cinta rodante del metro Montparnasse: el chico se templaba o singaba a la novia a la vista de todos, solo que medio ocultos debajo de los largos y amplios impermeables *punks* de ambos; ocurrió en los años ochenta, donde todo podía parecer audaz y *naif* al mismo tiempo.

Cuando Jacques y yo nos reencontramos en París no dejamos un solo sitio de la ciudad sin impregnar con nuestra presencia y con nuestros besos atornillados. Jacques, como buen francés, besaba como nadie, y me hacía sentir que mis besos lo volvían loco. A mí los suyos me enloquecieron más en París que en aquellas peligrosas azoteas de Manhattan.

Entre beso y beso le hablaba de Cioran, le releía a veces sus frases más potentes a mis ojos. Jacques se volvió un lector empedernido de Cioran gracias a mis besos, en aquella primavera junto al Sena.

MAMÁ, LA GAY PARADE, LA LAVADORA CANDY Y EL QUESERO

Pasaron más de seis años antes de que pudiera volver a encontrarme con mi madre. Las autoridades de Aquella Isla no la dejaban viajar fuera del país. Debido a mi conducta la obligaron a sufrir vejaciones de toda clase todos esos años: largos interrogatorios por parte del G2, Policía Secreta, en el Centro de torturas de Villamarista, torturas psicológicas que la condujeron a sesiones de dudosos tratamientos psíquicos en el Hospital Amejeiras. Las tandas de interrogatorios duraban entre dos a cuatro horas con dos focos muy potentes dirigidos hacia su rostro. Lo único que interesaba a los verdugos era saber si yo iba a escribir otros libros en contra del régimen, si me preparaba para convertirme en la líder del exilio y, por último, si la CIA me pagaba. He perdido la cuenta de lo que según ellos me debe la CIA por servicios prestados que jamás existieron.

Con lo que supuestamente la CIA me debe, según estos obtusos castristas, me hubiera podido comprar el archipiélago cubano y sus adyacentes.

Mamá jamás me defraudó, ni mucho menos traicionó, aunque la amenazaron de mil maneras; la perseguían y vigilaban a toda hora, y usaron a los vecinos para montarle sistemas de vigilancia permanentes y mítines de repudio cada vez que se les antojaba.

Una de las amenazas tuvo que ver con el permiso de salida que cada cubano debía o debe resolver, que solo el régimen tiene poder para otorgar en la oficina de Inmigración, y con que se tramita viajar fuera del país. El oficial que recibía a mi madre en Villamarista en cada citación policial, le juró que por encima de su cadáver ella no volvería a verme, ni vería nunca a su nieta, pues ella era la madre de una desertora, la progenitora de una enemiga.

Courageusement, con gran coraje, logré sacar a mi madre de Cuba, fue digno de una película de James Bond; como es una historia larga prefiero contarla en otra oportunidad. Por supuesto, no me salió gratis, claro que no, aparte del billete de avión de mi madre, y el de un acompañante que envié especialmente a Cuba para que la acompañara durante el trayecto, debí comprar a mi madre a los mismos miserables que impedían que ella saliera de la isla. Esa compra tampoco sucedió de manera nada fácil; sin embargo, en el intento —logrado como verán— me ayudó mucho sin saberlo una periodista de París-Match. No lo he agradecido lo suficiente, debiera hacerlo mediante una novela.

Mi madre llegó por fin a París el 6 de junio de 1999, a poco de cumplir 70 años, se avecinaba el fin del siglo, y yo había alcanzado un sueño: liberar a mi madre mediante una espectacular huida finisecular.

Llegó sumamente delgada, con una maletita de plástico miserable en su mano, dos mudas de ropa desgastada, aunque limpias, un par de zapatos que yo le había comprado y le había enviado antes, mis poemas, diarios míos de juventud y fotos familiares; aunque este tesoro lo descubrí tras su muerte.

Mamá se puso muy contenta de vernos, pero le dolía mucho haber dejado atrás a su sobrino, mi primo, Lázaro, que en mis novelas aparece con el nombre de Loretta, el apodo de homosexual con el que lo rebauticé. Llevé a mami a todos los lugares que intuía que podían alegrarla, aunque ella fingía júbilo, presentía que el dolor de haber dejado toda una vida detrás le aguijoneaba el pecho.

—Me da mucho miedo que a tu primo le hagan algo allá, esta gente es muy mala —repetía, con los ojos aguados de lágrimas.

No sabía qué hacer para cambiarle las ideas, cuando en eso vi en la televisión que se aproximaba la *Gay Parade* y se festejaría en unos días; ella, sin entender el idioma, al contemplar las imágenes en la pantalla me preguntó que qué era eso donde la gente parecía divertirse tanto, le expliqué que era la fiesta anual de las locas.

—¿Las mariquitas tienen fiesta así en medio de la calle y no las meten presas? —me preguntó con ingenuo asombro.

Aseveré que sí, que eran libres, que no las apresaban, entonces prometí llevarla a la *Gay Parade*, ella se animó bastante al contar en sus planes con algo tan distinto a lo que había vivido hasta ahora en Cuba, la persecución y represión de los homosexuales.

Abordamos la *Gay Parade* mamá, la niña y yo, desde el Barrio Latino, cuando aquello las locas se mostraban más discretas en el vestir; fuimos acompañando las coloridas carrozas en dirección a La Bastille. A mamá se le iba iluminando el rostro de tal manera que por fin respiré aliviada.

—¡Ay, qué pena que Lázaro, tu primo, no esté aquí para ver esto, qué pena tan grande! ¡Qué libertad, Dios mío! ¿Tú estás segura de que no se los llevarán presos?

Negué con la cabeza, ella, alborotada, fue acercándose a las carrozas que más llamaban su atención, la de los jubilados y la otra de los policías, que ella creía disfrazados…

A la altura del *Boulevard Henri V* con la *rue de la Cerisaie*, por estar atendiendo a mi hija, pequeña entonces, a la que le daba de beber, perdí de vista a mamá.

Enloquecidas, Luna y yo empezamos a buscarla entre el gentío, yo ya estaba a punto de llorar como cuando de niña fui yo la que me perdí de su control, pero Luna me aseguraba: «Tranquila, mamá, abuelita debe de estar divirtiéndose tanto que se olvidó de nosotras…»

En efecto, de pronto, desde la altura de una carroza oigo que alguien gritó mi nombre, volteé el rostro, allí arriba estaba mami, hacía señas para que subiera con ella y observara mejor todo desde lo alto… No daba crédito:

—¡Mamá, baja de inmediato, ¿cómo has podido treparte así?! —grité.

—Esta señorita me ayudó a subirme… —la señorita era un señor todo musculoso transformado en mucama de hotel.

Luna, con sus nueve años, no cesaba de despetroncarse de la risa; por fin, después de mucho rogar, la mucama de hotel hormonada cargó a mamá en peso y la colocó de nuevo en el asfalto.

Pero ella le había cogido el gusto a la rumba aquella y se me volvió a escapar apresurada hacia la cabecera de la manifestación, a donde tuve que correr a rescatarla, sin llegar a tiempo porque la multitud me lo impedía, con lo que en unos minutos se hizo de nuevos amigos; desde lejos la divisaba en una amena conversación con una persona que después me aseguró que hablaba español.

Volvió a nosotras, extenuada; regresamos a casa antes de que terminara la Gay Parade; mami refunfuñaba mientras no cesaba de repetir:

—¡Qué poco sabes de la vida, qué poco sabes, qué amargada te noto aquí en el exilio este!

En la noche, mientras servía la cena, mamá sentada en el sofá trataba de encender la televisión ayudándose con el mando. Luna le enseñó cómo se maniobraba.

Había empezado el telediario de TF1.

Todos nos quedamos en *stop motion* cuando vimos a mamá en primera fila de la manifestación de la *Gay Parade* vestida con el pulóver del PACS por encima de su ropa, que alguien le había regalado en medio del tumulto. En la secuencia de imágenes se le veía en una conversación sumamente entretenida con Jack Lang. Al día siguiente en todas las portadas de los periódicos franceses mi madre le robó el *show* —sin quererlo— a todas las mariquitas y lesbianas del *Marais*.

Los días transcurrieron, mamá descubría este mundo insólito de manera sublime, como con los ojos de una niña. Olía los jabones con esmero, todos le recordaban el famoso Palmolive, que era su jabón fetiche de antes de 1959, «cuando había de todo en Cuba».

Una tarde, mientras recorríamos el Monoprix, exclamó de felicidad:

—¡Encontré el jabón Palmolive, lo encontré, tú que me decías que en Francia no lo vendían, aquí está, aquí está…!

Toda mi vida en el exilio dedicada a buscar el dichoso jabón para mandárselo a Cuba y ella no llevaba ni diez días y ya lo había encontrado. Como si el Palmolive hubiese esperado a que ella llegara para hacer aparición.

Otra mañana, la hallo frente a la lavadora Candy, comprada en Darty con una parte de los adelantos de mi novela *Te di la vida entera*, donde había puesto un bulto de ropa a lavar. Mamá, fija en la tapa redonda transparente de la lavadora —dentro la ropa daba vuelta—, lloraba a moco tendido:

—¿Qué te pasa, mamá? —pregunté alarmada, la abracé. Vi llorar tanto a mi madre de niña que no podía evitar que el corazón me diera un vuelco.

—Hija, qué emocionante es esta lavadora, parece un cine. Si es que tiene hasta esa pantalla, qué maravilla de aparato. Como para viajar al cosmos en ella…

Mamá era así. Yo soy como soy un poco o bastante gracias a ella, a mi abuela, a mi tía.

A mamá le encantaba cualquier cosa que descubría como comida en este país, todo le daba una extrema ilusión; después le pasaba como a mí, se ponía a gimotear porque su sobrino y mis otras primas no podía comer allá en Cuba lo que ella sí podía degustar aquí.

Resultó increíble cómo fue familiarizándose con los numerosos quesos franceses; además de que le encantaba conversar con el quesero. Ella en español y el quesero en francés. Ninguno entendía ni jota de lo que decía la otra, pero lo de ellos fue amor a primera vista.

No acababa de entender cómo un hombre que siempre me corregía en francés y que se mostraba sumamente malintencionado cuando yo trataba de expresarme correctamente frente a él, me hacía pasar vergüenzas constantemente delante de los clientes cuando cometía una falta, ahora con mi madre se derretía y actuaba como si la conociera de toda la vida. Aclaro, nada que ver con lo sexual, tan sencillo como que, al cascarrabias, mi madre le había caído en gracia, y a la inversa.

—¡Qué simpática es su mamá, pero qué simpática! —repetía el hombre, ajustándose su gorro blanco mientras se dirigía a mí—... ¿Usted se parece más a su padre, verdad?

Mamá se desternillaba de la risa sin comprender una sola palabra de lo que el tipo hablaba, pero a ella la divertía tremendamente mi cara de consternación.

—Mamá, este señor se ha comportado conmigo desde que lo conozco como un auténtico asco, ¿cómo le has caído tan bien? ¿Cómo hiciste?

—Hija, debes sonreír más. Te noto muy agobiada, espero que no tenga que ver conmigo. Trata de vivir mejor este exilio, no sufras por nada ni por nadie. No dejes de luchar nunca por la libertad de Cuba, pero no te olvides de vivir a plenitud la tuya.

Mamá, cuánto te extraño.

QUÉ LINDOS LOS NIÑOS PARISINOS

Durante una temporada debí ocuparme en mis múltiples trabajos al negro (término que dudo que hoy se pueda utilizar) a cuidar niños franceses. Una amiga portuguesa me había advertido:

—Prepárate para lo peor, son los niños más pesados del mundo, los más malcriados. Los adultos franceses no tienen hijos. Son los hijos los que tienen a sus padres, hasta que se largan a los dieciséis años de los hogares y se olvidan...

Quedé aterrada ante sus palabras, aunque en mi caso no lo viví tan exacta y lamentablemente así como ella lo describió, pude comprobar que la autoridad del hogar en Francia es algo sumamente desleído, sin mando ni sostén.

Releía de nuevo a Cioran, les parecerá duro, inclusive hasta violento, pero me ha venido a la mente esta frase suya mientras deambulo por el Jardín de Luxemburgo, siguiendo sin querer sus pasos: *Toutes ces gifles qui pour n'avoir pas été données se retournent contre nous.* Todos esos bofetones que por no haber sido dados se vuelven en contra de nosotros.

Mi madre me dio un solo bofetón. Después bastaba fijarme con la mirada, con los ojos desmesurados, y yo me ponía en atención, más tiesa que el tronco de una ceiba. No abogo por maltratar a los niños, pero debiéramos entender que no existe ningún derecho que ampare a los mocosos para maltratar a los padres.

Mamá se ocupó de mí, y yo me ocupé de ella hasta su muerte en París. Aquí está enterrada, en el cementerio de *Père-Lachaise*.

SUSPIROS

En general los franceses suspiran por un sí o por un no, yo misma comprendí que empezaba a ser francesa cuando empecé a suspirar igual que ellos.

Pero en París, en particular, los suspiros poseen una especie de terminación cadenciosa, digamos que los suspiros resultan más melodiosos, menos atonales, hiposos, van culminando en una suerte de tempo a tres: i – e – e. Por ejemplo: «*... et ouieee, Madame*».

Suenan como a quejidos sin culminación posible, solo suspendidos en el tiempo, hasta que vuelven a ser retomados por otra frase suspirada *ad aeternam*.

Ese *ouieee* de las parisienses, tan chiqueón, tan seductor, casi ñoño, contiene además múltiples modulaciones cuyas interpretaciones no se adivinan de repente, sino que se aprenden poco a poco, asimilándolas, no se logran hasta pasadas algunas décadas.

Los suspiros en las salas de cine son los que más me divierten, detrás de una escena de terror podemos advertir a nuestras espaldas una suerte de suspiro dividido en varias afinaciones, extendido en un hilillo de voz.

Debo confesar que los suspiros en los teatros me perturban bastante. Recuerdo algunos muy molestos en el Teatro *Antoine*, mientras Gérard Depardieu y Anouk Aimé leían *Lettres d'amour*, de A. R. Gurney, texto antes tomado por Jean-Louis

Trintignant, Philippe Noiret, y por Alain Delon, en los años noventa; esta vez, una señora suspiraba y sus suspiros se mezclaban con las lágrimas que iba sorbiendo sonoramente en gimoteos, sin pensar en los demás. Otra mujer respiraba hondo, su pecho subía y bajaba, por momentos lanzaba un sollozo…

Nadie parecía tan turbado como yo. Ahí por fin comprendí que los suspiros forman parte del paisaje parisino, son como los arbustos entre dos peñascos que nadie jamás podrá arrancar de raíz.

Los peores suspiros son los lanzados durante un espectáculo de *ballet* clásico en la Ópera de París, o en medio de un concierto en la Salle Pleyel.

En La Habana la gente tose en los teatros, exclama en los cines con afán de alertar al actor para que «el malo» no lo atrape y lo mate por la espalda, lo que ocurrirá invariablemente puesto que está escrito en el guion, o gritan eufóricos ante los 37 *fouettés* de una bailarina clásica; aquí no, aquí suspiran, también a toda mecha, por todo lo alto.

Creo que es en lo único donde no consigo coincidir con Cioran, que escribió eso de que «*Un seul soupir vaut mieux que toutes les proclamations*». Un solo suspiro vale más que todas las proclamaciones.

DE LOS PECADOS DE VIVIR

Conté en alguna ocasión que a mi llegada a París el mero hecho de comer me daba unas inaguantables ganas de llorar, pensaba en mi madre, en mis familiares, en mis amigos, que en Cuba no tenían cómo llevarse un bocado a la boca para satisfacer el hambre real.

A la falta de apetito debido a una honda melancolía se juntó la falta de dinero, y para colmo se unió el deseo de observarlo todo con ojos lujuriosos en el sentido más sano del término si es que el idioma francés lo autoriza; cualquier adorno o *bibelot* en una vitrina me excitaba, hasta los hombres de oficinas enfundados en sus trajes grises me apetecían, esto último ocurrió hasta que aparecieron Samuel Beckett y Emil M. Cioran en mi vida, entonces me consagré a ellos, a su culto y amor. Existieron otras dependencias platónicas, tampoco lo niego, aunque duraron menos…

Con mi primer salario —miserable, por cierto—, y ya algo curada de la falta de apetito provocado por la amargura, visité una pastelería por la que pasaba a diario sin poder comprarme ninguna de aquellas delicias. Pedí que me llenaran una caja con todos los dulces exquisitos que parecían auténticas joyas, por los que salivaba de solo observarlos.

Con la caja repleta me dirigí a *Les Invalides*. Allí, sentada en la yerba, devoré hasta el último de los merengues de aquella caja envuelta en delicado papel lila, mientras lloraba pensando en La Habana. Un mes me duró la indigestión, todavía me acuerdo de los retortijones de estómago y hago arcadas.

En París fui poco a poco valorando el espesor de los deseos, conseguí equilibrar mis gustos tan desorientados hasta entonces. Descubrí frutas, especies de otros mundos en distintos mercados, adquirí apetencias nuevas que regocijaron mi paladar casi hasta la pérdida de los sentidos...

Entonces, lo lujurioso con lo goloso se mezclaron intensa y peligrosamente. Hasta que llegué a una edad en que la glotonería le ganó la partida a la lujuria.

A cada rato en medio de la calle me entraba un ataque de risa, ¡a tal extremo me sentía feliz en esta ciudad! Enseguida me sobrecogía la idea de que mientras me sentía feliz otros no podían compartir conmigo ese estado embriagador que me liberaba más y más. Reaprendí el sentido del pecado en la palabra sagrada de Dios, lo asumí como contención emocional.

Para los que hemos vivido bajo totalitarismos sentirse mínimamente bien significa vivir en pecado, también es presentir que algo podría salirnos mal de un momento a otro como castigo, echarse a perder, no hay modo de salvarnos de esa sombra nefasta. Así se lo expliqué a un sacerdote que terminó por reírse, discretamente musitó:

—Viva usted, *Madame* Valdés, viva a sus anchas, no se tome tan a castigo lo que esté viviendo; nadie en Francia la regañará por vivir.

Sus palabras continúan siendo un bálsamo para mí.

PARÍS Y LA LIBERTAD

Cuántos artistas y escritores no han hallado la libertad en París; de hecho, numerosos han sido los que han escrito y creado sobre el hallazgo y conquista de la libertad junto al Sena, evoco ahora a Arthur Rimbaud y a Oscar Wilde, por solo citar a dos; otros autores, en canciones, se han referido a la libertad como un bien extraordinario: Yves Montand, uno de ellos, o bien Edith Piaf, *Paris 1949*, e incluso Mireille Mathieu con su *París en colére*.

En mi caso, la última prueba de libertad ha sido el esfuerzo y el derecho de escribir en la lengua que me dio refugio literario y artístico.

Si el español es mi patria, el francés es mi país de adopción. Solo las palabras me han permitido esa libertad que las fronteras políticas, las peores, me negaron.

En español, el derecho a ser leída por mis lectores naturales. En francés, el derecho a vivir como cualquier ser humano con sus derechos y deberes, ávida por aprender, satisfecha por enseñar lo aprendido.

El idioma francés me dio algo muy preciado: el rigor del conocimiento, la exigencia de la conversación, la certeza de que con la improvisación exclusivamente no se llega a entendimientos verdaderos; aunque, sin embargo, improvisar e ironizar son pruebas de un gran gesto de inteligencia y de valiosa generosidad.

Por otro lado, lo que he entregado con mi existencia y mi obra a París, a Francia, esta ciudad y este país me lo han devuelto. ¿Cómo? Con tranquilidad, con paciencia, con armonía. Mostrándome realmente que vivir por algo es vivir, más allá de cualquier acto heroico.

Creo que de la única acción heroica de la que de verdad hoy debiera sentirme orgullosa hasta el éxtasis es de poder escribir este libro en francés; en el idioma de tantos autores leídos, admirados, amados hasta el día en que me llegue la hora final. Y, al mismo tiempo, en mi idioma: el español, el idioma de conquistadores.

Resultó una aventura maravillosa ir de lo hermético hacia lo sencillo a través de una ciudad, de un escritor, o de varios, de una obra o de muchas, y que esa ciudad haya sido y sea París, que para mí será siempre la ciudad de las divinas tentaciones.

Parisina en La Habana, o habanera en París, equivale a barroca en idioma español, o cubano, o «hablanero» según Guillermo Cabrera Infante, y minimalista en francés, o en parisiense.

París infinita, como aquella Habana eterna de antes de 1959. París, la ciudad que fue una fiesta para Ernest Hemingway, y luego en mi juventud se me reveló en una rumba. Aquí, en donde aprendí a ser libre siendo cada vez más rebelde.

JEAN-FRANÇOIS FOGEL

Una tarde llegaste, tan feliz y sonriente, creo que era en verano, traías un tesoro entre tus manos, un libro. Me prestaste esta novela de Jean Reverzy que habías comprado en *Les Bouquinistes*, los libreros del Sena. Te pregunté por el tema del libro y respondiste: «Una novela sobre la enfermedad como el último de los cansancios».

La novela me impactó para bien. Muchas veces habíamos hablado de este libro, de su autor, después de leerla todavía más…

Pero tú no estabas enfermo. Y ahora acabas de irte para siempre, no hablaremos nunca más de este libro ni de ningún otro.

A veces me derrumbo, a veces me enfado mucho. Es muy injusto. Te necesito, Jean-François. Tú eras París, para mí eras y serás siempre aquel París.

Este libro fue escrito originalmente en francés y en español. Agradecimientos a los lectores y a las editoriales que lo publican, La Part Commune y Berenice.

Zoé Valdés. Quincy-sous-Sénart, 2023-2025.